POSLASTICE OD ZMAJEVOG VOĆA

Istražite slatke i slane okuse zmajevog voća u 100 ukusnih recepata za svaki obrok i priliku

Aleksandar Mlakar

Materijal autorskih prava ©2023

Sva prava pridržana

Nijedan dio ove knjige ne smije se koristiti ili prenositi u bilo kojem obliku ili na bilo koji način bez odgovarajućeg pisanog pristanka izdavača i vlasnika autorskih prava, osim kratkih citata korištenih u recenziji. Ovu knjigu ne treba smatrati zamjenom za medicinske, pravne ili druge stručne savjete.

SADRŽAJ

SADRŽAJ 3
UVOD 6
DORUČAK I RUNK 7
PREDJELA I GLICASE **28**
11. Enchilade od zmajevog voća i crnog graha 29
12. Bruschetta od zmajevog voća 31
13. Čips od zmajevog voća 35
15. Muffini s bijelim zmajevim voćem kuhani na pari 39
16. Caprese ražnjići od zmajevog voća 41
17. Chia energetske kuglice Dragon Fruit 43
18. Energetski zalogaji zmajevog voća i kokosa 31
20. Dragon Fruit Cheesecake Bites 47
21. Dragon Fruit Čokoladni tartufi 49
22. Datulje punjene maslacem od zmajevog voća i orašastih plodova 51
GLAVNO JELO **53**
23. Dragon Fruit s pireom od piletine i oraha 54
24. Dragon Fruit škampi Stir Fry 57
25. Zdjela za bockanje zmajevog voća i lososa 59
26. Tacosi od zmajevog voća i svinjetine 61
27. Zmajeva pržena riža 63
28. Pečena tuna sa salsom od zmajevog voća 65
29. Piletina na žaru sa salsom od zmajevog voća 67
30. Curry od zmajevog voća 78
31. Portobello gljive punjene zmajevim voćem 69
JUHE I CURRIJI **71**
32. Dragon Fruit i tofu curry 72
33. Juha od svježeg voća Pink Blossom 74
35. Coconut Mango Pitaya Sago juha 76
SALATE **78**
36. Salata od zmajevog voća s vinom od šljiva 81
37. Egzotična voćna salata 83
38. Salata od jabuka Dragon Fruit 85
40. Salata od zmajevog voća s tajinom 87
41. Salata od zmajevog voća i avokada s kozicama na žaru ... 89
42. Salata od zmajevog voća i kivija 91
43. Salata od zmajevog voća s preljevom od đumbira i limete 93
44. Salata od zmajevog voća i kvinoje 95
45. Salata od zmajevog voća i krvave naranče 97
46. Salata od zmajevog voća s vinom od šljiva 99

47. Salata od zmajevog voća i rakova 101
48. Waldorfska salata od zmajevog voća 103
DESERT 105
49. Goji, pistacija i kolač od limuna 106
50. Parfe od jogurta Dragon Fruit 109
51. Slatkiši od zmajskog voća 111
52. Sorbet od zmajevog voća 113
53. Šifon kolačići od zmajevog voća 115
54. Mousse torta od malina i zmajevog voća 117
55. Želei od zmajevog voća 119
56. Zmajevo voće Guava sladoled 121
57. Malina Dragon Fruit Popsicles 123
58. Slojevita torta od ružičastog zmajevog voća 125
59. Torta prelivena zmajevim voćem 127
60. Nemoguća pita od zmajevog voća 130
61. Kolač s maslacem od zmajevog voća 132
62. Dragon Fruit Barfi 134
63. Puding od tapioke od zmajevog voća 136
64. Zmajevo voće Firni 138
65. Krema od zmajevog voća s tortom od meringue lješnjaka 140
66. Dragon Fruit Coconut Modak 142
67. Zmajevo voće Kalakand 144
68. Lassi s okusom zmajevog voća 170
69. Žele ili puding od zmajevog voća 146
70. Puding od crvenog zmaja 148
SALSA I UMACI 150
71. Salsa od zmajevog voća 151
72. Guacamole od zmajevog voća 153
73. Chutney od zmajevog voća 155
74. Gorušica Dragon Fruit 157
75. Zmajevo voće Aioli 159
SMOTHIJI 165
76. Dragon Mango Smoothie 166
77. Smoothie od zmajevog voća na biljnoj bazi 168
78. Smoothie od bobičastog zmajevog voća 170
79. Kokos Chia Dragon Fruit Smoothie staklenke 174
80. Zdjela za smoothie od zmajevog voća od vanilije 176
81. Smoothie od zmajevog voća i ananasa 178
82. Smoothie od krvavog zmajskog voća 180
83. Pitaya zdjela (zmajevo voće) 182
84. Smoothie od cikle i zmajevog voća 184

85. Zdjela za smoothie od zmajevog voća i đumbira 186
86. Milkshake od zmajevog voća 188
87. Smoothie od zmajevog voća i badema 190
88. Smoothie od zobi Dragon Fruit 192
89. Dragon Fruit Mango Jogurt i Yakult Smoothie 194
90. Smoothie od zmajevog voća i jagoda 196

KOKTELI I MOKTELI **198**
91. Dragon Fruit Mojito 199
92. Dragon Fruit Cucumber Limeade 201
93. Litchi Dragon Mocktail 204
94. Sok od kivija Red Dragon 206
95. Limunada od zmajevog voća 208
96. Dragon Fruit-Plum Juice 210
97. Dragon Fruit Margarita 212
98. Spritzer od zmajevog voća 214
99. Koktel od zmajevog voća i bazge 216
100. Koktel Pitaya Picante 218

ZAKLJUČAK **220**

UVOD

Dobrodošli u POSLASTICE OD ZMAJEVOG VOĆA! Ova kuharica slavi jedinstveno i živopisno voće poznato kao zmajevo voće, koje se također naziva pitaya. Sa svojom jarko ružičastom ili žutom kožom i sočnim, blago slatkim mesom prošaranim crnim sjemenkama, zmajevo voće nije samo praznik za oči, već i za okusne pupoljke.

U ovoj kuharici pronaći ćete više od 50 recepata koji prikazuju svestranu prirodu ovog tropskog voća. Od smoothieja i salata do tacosa i pomfrita, zmajevo voće može se koristiti u slatkim i slanim jelima, dodajući dašak boje i osvježavajući okus vašim obrocima.

Ne samo da je zmajevo voće ukusno, već je i prepuno hranjivih tvari. Ovo voće ima malo kalorija, ali ima puno vlakana, antioksidansa i vitamina C i B, što ga čini izvrsnim dodatkom zdravoj i uravnoteženoj prehrani.

Pa, zaronimo u svijet zmajskog voća i otkrijmo sve divne načine uživanja u ovom egzotičnom voću!

DORUČAK I RUNK

1. Chia puding od zmajevog voća

SASTOJCI:
- 1 zmajevo voće
- 1 šalica kokosovog mlijeka
- ¼ žličice ekstrakta vanilije (ili ½ žličice esencije vanilije)
- 2 žlice šećera
- 4 žlice chia sjemenki

UPUTE:
a) Ogulite i nasjeckajte zmajevo voće.
b) Pomiješajte sve sastojke dok ne postanu glatki.
c) Stavite u hladnjak na 1-3 sata ili do preko noći da se stegne.
d) Ukrasite i poslužite ohlađeno.

2. Palačinke od zmajevog voća i kokosa

SASTOJCI:
- 1 zmajevo voće
- 1 šalica višenamjenskog brašna
- 2 žličice praška za pecivo
- ¼ žličice soli
- 1 jaje
- 1 šalica kokosovog mlijeka
- 2 žlice kokosovog ulja

UPUTE:
a) Dragon fruit prerežite na pola i izdubite meso.
b) U zdjeli pomiješajte brašno, prašak za pecivo i sol.
c) U posebnoj posudi umutite jaje, kokosovo mlijeko i kokosovo ulje.
d) Dodajte mokre sastojke suhim sastojcima i miješajte dok se ne sjedine.
e) Presavijte meso zmajevog voća.
f) Zagrijte tavu koja se ne lijepi na srednje jakoj vatri i izlijte tijesto na tavu.
g) Pecite palačinke 2-3 minute sa svake strane, ili dok ne porumene.
h) Poslužite vruće, preliveno sirupom ili dodatnim voćem.

3. Tost od zmajevog voća i avokada

SASTOJCI:
- 1 zmajevo voće
- 1 avokado
- 2 kriške kruha od cjelovitog zrna
- 1 žlica soka od limuna
- Sol i papar, po ukusu

UPUTE:
a) Dragon fruit prerežite na pola i izdubite meso.
b) Avokado prepolovite i izvadite košticu.
c) Izdubite meso avokada i zgnječite ga u posudi.
d) Umiješajte limunov sok, sol i papar.
e) Prepecite kriške kruha.
f) Smjesu avokada rasporedite po tostu.
g) Na vrh stavite narezano dragon voće.
h) Poslužite odmah.

4. Soya Banana Dragon Fruit zobena kaša s raženim pahuljicama

SASTOJCI:
- 1/2 šalice valjane zobi
- 1 šalica sojinog mlijeka (ili bilo kojeg mlijeka po izboru)
- 1 zrela banana, zgnječena
- 1/2 šalice pirea od zmajevog voća
- 1 žlica meda ili javorovog sirupa
- Ražene pahuljice za preljev
- Narezana banana i zmajevo voće za ukras

UPUTE:
U loncu pomiješajte zobene pahuljice i sojino mlijeko. Kuhajte na srednjoj vatri dok zob ne omekša i smjesa se zgusne.
Umiješajte zgnječenu bananu, pire od zmajevog voća i med ili javorov sirup.
Nastavite kuhati nekoliko minuta dok se dobro ne sjedini i zagrije.
Maknite s vatre i ostavite da se malo ohladi.
Po vrhu pospite ražene pahuljice i ukrasite narezanom bananom i zmajevim voćem.
Poslužite toplo.

5. Ružičasta zobena kaša s Pitaya prahom

SASTOJCI:

- 1 šalica valjane zobi
- 2 šalice vode
- 2 žlice pitaya praha
- Med ili javorov sirup po ukusu
- Svježe voće i orašasti plodovi za preljev

UPUTE:

U loncu zakuhajte vodu.

U kipuću vodu dodajte zobene zobene zrna i kuhajte prema uputama na pakiranju.

Umiješajte pitaya prah i zasladite medom ili javorovim sirupom po ukusu.

Maknite s vatre i ostavite da se malo ohladi.

Prelijte svježim voćem i orašastim plodovima.

Poslužite toplo.

6. Muffini od zmajevog voća i banane

SASTOJCI:
- 1 zmajevo voće
- 1 banana
- ½ šalice šećera
- ¼ šalice biljnog ulja
- 1 jaje
- 1 šalica višenamjenskog brašna
- 1 žličica praška za pecivo
- ½ žličice sode bikarbone

UPUTE:
a) Zagrijte pećnicu na 350°F (175°C).
b) Dragon fruit prerežite na pola i izdubite meso.
c) U zdjeli zgnječite bananu i umiješajte šećer i biljno ulje.
d) Tucite jaje dok se dobro ne sjedini.
e) U posebnoj zdjeli pomiješajte brašno, prašak za pecivo i sodu bikarbonu.
f) Umiješajte suhe sastojke u smjesu od banana dok se ne sjedine.
g) Presavijte meso zmajevog voća.
h) Kalup za muffine obložite papirnatim podlogama i žlicom stavljajte tijesto u svaku čašicu.
i) Pecite 20-25 minuta ili dok čačkalica zabodena u sredinu ne izađe čista.
j) Ostavite muffine da se ohlade prije posluživanja.

7. Tost od avokada s okusom zmajskog voća

SASTOJCI:
- 2 kriške kruha
- 1 zreli avokado
- Kriške zmajevog voća
- Posolite i popaprite po ukusu
- Sok od limete (po želji)
- Pahuljice čilija (po želji)

UPUTE:
Tostirajte kriške kruha dok ne porumene.

Zreli avokado zgnječite vilicom i ravnomjerno rasporedite po tostiranom kruhu.

Na vrh stavite avokado kriškama zmajevog voća.

Začinite solju i paprom po ukusu.

Iscijedite malo soka od limete na vrh i po želji pospite pahuljice čilija za dodatni okus.

Poslužite odmah.

8. Zdjela za jogurt od zmajevog voća i granole

SASTOJCI:
- 1 zmajevo voće
- 1 šalica grčkog jogurta
- ½ šalice granole
- 1 žlica meda

UPUTE:
a) Dragon fruit prerežite na pola i izdubite meso.
b) U posudi pomiješajte grčki jogurt i med.
c) U zasebnu zdjelu rasporedite meso zmaja, mješavinu grčkog jogurta i granolu.
d) Ponavljajte slojeve dok ne potrošite sve sastojke.
e) Poslužite ohlađeno.

9. Zobena kaša od zmajevog voća i kokosa

SASTOJCI:
- 1 zmajevo voće
- 1 šalica valjane zobi
- 2 šalice kokosovog mlijeka
- ¼ šalice naribanog kokosa
- ¼ šalice meda

UPUTE:
a) Dragon fruit prerežite na pola i izdubite meso.
b) U loncu pomiješajte zobene zobene pahuljice, kokosovo mlijeko, nasjeckani kokos i med.
c) Kuhajte smjesu na srednjoj vatri, često miješajući, 10-15 minuta, ili dok zobena kaša ne postane gusta i kremasta.
d) Umiješajte meso zmajevog voća.
e) Poslužite vruće, preliveno dodatnim voćem ili orašastim plodovima.

10. Tost sa zmajevim voćem i maslacem od badema

SASTOJCI:
- 1 zmajevo voće
- 2 kriške kruha od cjelovitog zrna
- 2 žlice maslaca od badema
- 1 žlica meda

UPUTE:
a) Dragon fruit prerežite na pola i izdubite meso.
b) Prepecite kriške kruha.
c) Rasporedite maslac od badema na tost.
d) Na vrh stavite narezano dragon voće.
e) Prelijte medom.
f) Poslužite odmah.

PREDJELA I GLICASE

11. Dragon Fruit i Enchilade od crnog graha

SASTOJCI:
- 1 zmajevo voće
- 1 konzerva crnog graha, ocijeđenog i ispranog
- ½ šalice nasjeckanog crvenog luka
- ¼ šalice nasjeckanog cilantra
- 1 limeta, ocijeđena
- 1 žličica čilija u prahu
- 1 žličica češnjaka u prahu
- Posolite i popaprite po ukusu
- 8 malih kukuruznih tortilja
- 1 šalica enchilada umaka
- 1 šalica nasjeckanog cheddar sira

UPUTE:
a) Dragon fruit prerežite na pola i izdubite meso.
b) U velikoj zdjeli pomiješajte crni grah, crveni luk, cilantro, sok limete, čili u prahu, češnjak u prahu, sol i papar.
c) Presavijte meso zmajevog voća.
d) Zagrijte pećnicu na 375°F (190°C).
e) Raširite tanki sloj enchilada umaka na dno posude za pečenje 9x13 inča.
f) Zagrijte tortilje u mikrovalnoj pećnici ili na ringli.
g) Žlicom stavite smjesu zmajevog voća i crnog graha na svaku tortilju i čvrsto je zarolajte.
h) Smotane tortilje stavite šavovima prema dolje u posudu za pečenje.
i) Preostali umak od enchilade prelijte po vrhu zarolanih tortilja.
j) Po vrhu pospite naribani cheddar sir.
k) Pecite 20-25 minuta, ili dok se sir ne otopi i postane mjehurić.
l) Poslužite vruće s dodatnim kriškama cilantra i limete, po želji.

12. Energetski zalogaji zmajevog voća i kokosa

SASTOJCI:
- 1 šalica datulja bez koštica
- 1 šalica sirovih indijskih oraščića
- 1/2 šalice naribanog kokosa
- 1/4 šalice pirea od zmajevog voća
- 1 žlica chia sjemenki
- 1 žlica meda ili javorovog sirupa (po želji)
- Ekstra nasjeckani kokos za motanje

UPUTE:
U sjeckalici pomiješajte datulje, indijske oraščiće, nasjeckani kokos, pire od zmajevog voća, chia sjemenke i med ili javorov sirup (po želji) dok se dobro ne sjedine i dok se smjesa ne sjedini.

Smjesu razvaljajte u male loptice veličine zalogaja.

Uvaljajte energetske zalogaje u ekstra nasjeckani kokos kako biste ih premazali.

Energetske zalogaje stavite na pleh obložen papirom za pečenje.

Ostavite u hladnjaku najmanje 1 sat da se stegne.

Uživajte u ovim hranjivim i ukusnim energetskim zalogajima zmajevog voća i kokosa kao brzom međuobroku.

13. Bruschetta od zmajevog voća

SASTOJCI:
- 1 zmajevo voće
- ½ šalice rajčice narezane na kockice
- ¼ šalice nasjeckanog bosiljka
- ¼ šalice izmrvljenog feta sira
- 2 žlice glazure od balzama
- Prepečene kriške baguettea

UPUTE:
a) Dragon fruit prerežite na pola i izdubite meso.
b) U srednjoj zdjeli pomiješajte zmajevo voće, rajčicu, bosiljak i feta sir.
c) Dobro promiješajte i ostavite bruskete barem 10 minuta da se okusi stope.
d) Prekrijte svaku krišku baguettea brusketom od zmajevog voća i pokapajte glazurom od balzama.
e) Poslužite odmah.

14. Čips od zmajevog voća

SASTOJCI:
- 2 zmajeva voća
- 2 žlice kokosovog ulja
- Posolite po ukusu

UPUTE:
a) Zagrijte pećnicu na 200°F.
b) Lim za pečenje obložite papirom za pečenje.
c) Dragon fruit narežite na tanke ploške.
d) U zdjeli prelijte kriške kokosovim uljem i soli.
e) Rasporedite kriške na lim za pečenje.
f) Pecite 2-3 sata ili dok kriške ne postanu hrskave.

15. Roll-upovi od zmajevog voća i krem sira

SASTOJCI:
- 1 dragon voće, narezano na kockice
- 4 unce krem sira, omekšalog
- 4 tortilje od brašna
- 2 žlice meda

UPUTE:
a) Na svaku tortilju od brašna rasporedite krem sir.
b) Na kremu od sira pospite dragon fruit narezan na kockice.
c) Pokapajte med preko zmajevog voća.
d) Čvrsto smotajte tortilje.
e) Svaki smotuljak narežite na komade veličine zalogaja.

16. Muffini s bijelim zmajevim voćem kuhani na pari

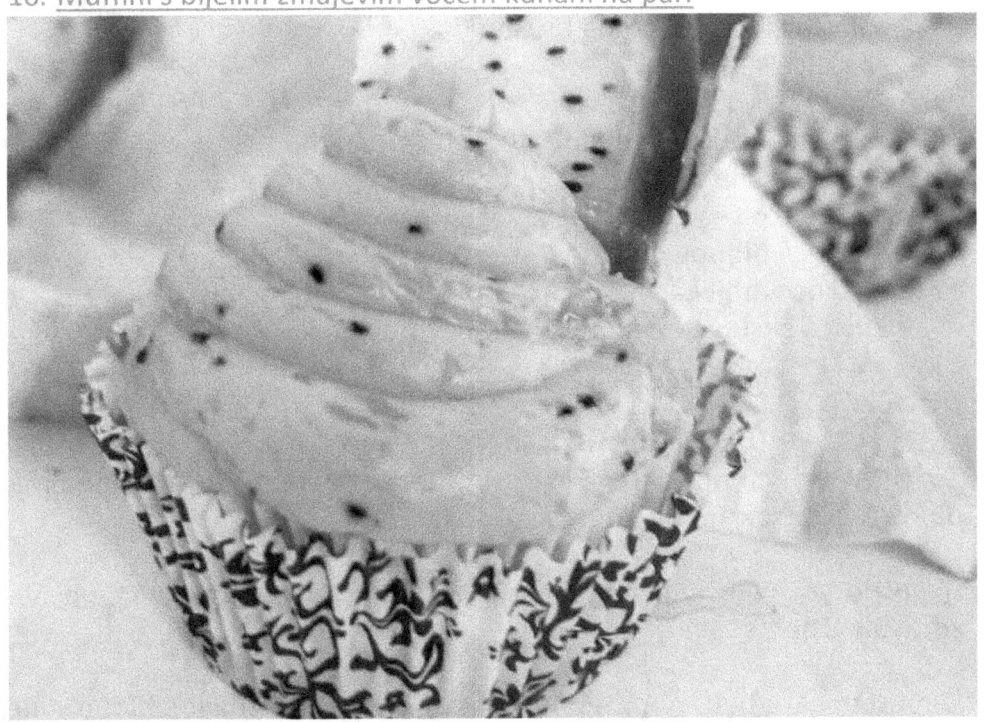

SASTOJCI:
- 1 šalica višenamjenskog brašna
- 1/2 šalice šećera
- 1 žličica praška za pecivo
- 1/2 žličice sode bikarbone
- 1/4 žličice soli
- 1/2 šalice pirea od bijelog zmaja
- 1/4 šalice biljnog ulja
- 1/4 šalice mlijeka
- 1 žličica ekstrakta vanilije

UPUTE:

Zagrijte pećnicu na 350°F (175°C). Namastite kalup za muffine ili ga obložite papirnatim podlogama.

U posudi za miješanje pomiješajte brašno, šećer, prašak za pecivo, sodu bikarbonu i sol.

U posebnoj zdjeli pomiješajte pire od bijelog zmaja, biljno ulje, mlijeko i ekstrakt vanilije.

Ulijte mokre sastojke u suhe sastojke i miješajte dok se ne sjedine.

Tijesto ravnomjerno podijelite u kalupe za muffine.

Pecite 15-20 minuta ili dok čačkalica zabodena u sredinu ne izađe čista.

Izvadite iz pećnice i ostavite da se ohladi prije posluživanja.

17. Ražnjići Caprese od zmajevog voća

SASTOJCI:
- 1 dragon voće, narezano na kockice
- Kuglice svježe mozzarelle
- Cherry rajčice
- Listovi svježeg bosiljka
- Balsamic glazura za prelijevanje

UPUTE:
Na svaki ražnjić nanizite kockicu dragon fruita, kuglicu mozzarelle, cherry rajčicu i list bosiljka.

Ponavljajte dok ne potrošite sve sastojke.

Rasporedite ražnjiće na pladanj.

Prelijte glazurom od balzama neposredno prije posluživanja.

Uživajte u ovim živopisnim i aromatičnim ražnjićima kao laganom i šarenom predjelu.

18. Chia energetske kuglice Dragon Fruit

SASTOJCI:
- 1 šalica datulja bez koštica
- 1 šalica badema
- 1/2 šalice osušenog naribanog kokosa
- 1/4 šalice pirea od zmajevog voća
- 1 žlica chia sjemenki
- 1 žlica meda ili javorovog sirupa (po želji)

UPUTE:
U sjeckalici pomiješajte datulje, bademe, osušeni naribani kokos, pire od zmajevog voća, chia sjemenke i med ili javorov sirup (po želji) dok se dobro ne sjedine i dok se smjesa ne sjedini.
Smjesu razvaljajte u male loptice.
Stavite energetske kuglice u hermetički zatvorenu posudu i ostavite u hladnjaku najmanje 1 sat da se stegne.

19. Zalogaji parfe od zmajevog voća i jogurta

SASTOJCI:
- 1 šalica grčkog jogurta
- 1/4 šalice pirea od zmajevog voća
- 1 žlica meda ili javorovog sirupa (po želji)
- Svježe bobice za preljev

UPUTE:

U zdjeli pomiješajte grčki jogurt, pire od dragon voća i med ili javorov sirup (po želji).
Žlicom dodajte malu količinu smjese od jogurta u svaku čašicu za mini muffine ili silikonski kalup.
Na vrh stavite svježe bobice.
Ponavljajte slojeve dok se ne napune čašice ili kalupi.
Stavite parfe zalogaje u zamrzivač na najmanje 2 sata da se stisnu.
Nakon što se zamrznu, izvadite zalogaje iz kalupa i prebacite ih u hermetički zatvorenu posudu.
Poslužite parfe zalogaje zmajevog voća i jogurta izravno iz zamrzivača za osvježavajuću i zdravu poslasticu.

20. Zalogaji torte od sira od zmajevog voća

SASTOJCI:
- 1 šalica mrvica graham krekera
- 2 žlice otopljenog maslaca
- 8 unci krem sira, omekšalog
- 1/4 šalice šećera u prahu
- 1/4 šalice pirea od zmajevog voća
- 1 žličica ekstrakta vanilije

UPUTE:

U zdjeli za miješanje pomiješajte mrvice graham krekera i otopljeni maslac. Miješajte dok se mrvice ravnomjerno ne prekriju.

Utisnite smjesu od mrvica na dno kalupa za mini muffine ili silikonskog kalupa kako biste napravili koricu.

U posebnoj zdjeli izmiksajte krem sir, šećer u prahu, pire od dragon voća i ekstrakt vanilije dok ne postane glatko i kremasto.

Žlicom rasporedite smjesu krem sira preko kore graham krekera u svakoj posudi za muffine ili kalupu.

Zagladite vrhove žlicom ili lopaticom.

Zalogaje torte od sira stavite u hladnjak na najmanje 2 sata da se stisnu.

Kad se stegne, izvadite zalogaje iz kalupa i poslužite ohlađene.

21. Čokoladni tartufi Dragon Fruit

SASTOJCI:
- 1/2 šalice pirea od zmajevog voća
- 8 unci tamne čokolade, nasjeckane
- 2 žlice neslanog maslaca
- Naribani kokos ili kakao u prahu za valjanje

UPUTE:

U loncu zagrijte pire od zmajevog voća na srednjoj vatri dok ne zakuha.
Maknite s vatre i u tavu dodajte nasjeckanu tamnu čokoladu i maslac.
Miješajte dok se čokolada i maslac ne otope i smjesa postane glatka.
Pustite da se smjesa ohladi na sobnu temperaturu.
Nakon što se ohladi, stavite smjesu u hladnjak na oko 1 sat ili dok se ne stegne.
Žlicom ili kuglicom za dinju grabite male dijelove smjese i uvaljajte ih u tartufe veličine zalogaja.
Uvaljajte tartufe u nasjeckani kokos ili kakao prah kako biste ih premazali.
Tartufe stavite na pleh obložen papirom za pečenje.
Ostavite u hladnjaku najmanje 1 sat da se stegne.
Uživajte u ovim dekadentnim čokoladnim tartufima Dragon Fruit kao divnoj poslastici.

22. Datulje punjene maslacem od zmajevog voća i orašastih plodova

SASTOJCI:
- Medjool datulje, bez koštice
- Maslac od orašastih plodova po vašem izboru (poput maslaca od badema ili kikirikija)
- Kriške zmajevog voća za ukras (po želji)

UPUTE:
a) Uzmite svaku datulju bez koštice i lagano je otvorite.
b) Udubljenje svake datulje napunite malom količinom maslaca od oraha.
c) Pritisnite datulje da se zatvore u maslac od oraha.
d) Punjene datulje stavite na tanjur ili posudu za posluživanje.
e) Po želji ukrasite kriškama zmajevog voća.
f) Uživajte u ovim slatkim i zadovoljavajućim datuljama punjenim zmajevim voćem i orašastim maslacem kao zdravim međuobrokom ili desertom.

GLAVNO JELO

23. Zmajevo voće s pireom od piletine i oraha

SASTOJCI:
PIRE
- ½ male butternut tikve, narezane na kockice
- 5 mrkvi narezanih na tanke ploške
- ¼ šalice organskog neslanog maslaca, narezanog na komadiće
- 2 žlice svježeg soka od naranče
- 1 žlica svježeg soka od limuna
- 2 žličice oguljenog i naribanog svježeg đumbira
- ¼ žličice morske soli i mljevenog crnog papra

PILETINA
- 1 funta pilećih bataka bez kostiju i kože
- 1 žlica maslinovog ulja
- 2½ žličice sitno nasjeckanog svježeg timijana
- 2 žličice svježe korice limuna
- ¼ žličice mljevenog crnog papra
- ⅛ žličice morske soli

SALATA
- ¼ šalice ekstra djevičanskog maslinovog ulja
- 2 žlice jabučnog octa
- 1 žlica oguljenog i mljevenog đumbira
- 1 žlica svježeg soka od naranče
- 1 žlica svježeg soka od limuna
- 1 žličica sirovog meda
- ⅛ žličice morske soli i mljevenog crnog papra
- 1 dragon voće (bijelo ili ružičasto), oguljeno i narezano na kockice
- 2¼ pakirane šalice friséea izrezanog na komade od 2 inča (oko 4 oz) ili miješanog povrća
- 1 žlica sitno nasjeckane svježe metvice
- ⅓ šalice grubo nasjeckanih prženih neslanih badema
- 1 ljutika, sitno nasjeckana

UPUTE:

a) Postavite rešetku u gornju trećinu pećnice; prethodno zagrijte na 400°F.

b) Pripremite pire: Stavite košaru kuhala na pari u veliki lonac s vodom do ½ inča ispod košare.

c) Tikvu i mrkvu stavite u košaru, poklopite i pustite da prokuha; smanjite temperaturu na srednju i kuhajte na pari 20 minuta dok ne omekša.

d) Prebacite u blender zajedno s preostalim sastojcima za pire; miješajte dok ne postane glatko. Poklopiti da ostane toplo.

e) Za to vrijeme pripremiti piletinu: Piletinu premazati uljem; začinite majčinom dušicom, koricom limuna, paprom i soli. Slagati u pleh obložen papirom za pečenje.

f) Pecite dok piletina ne dosegne unutarnju temperaturu od 165°F, 15 do 20 minuta.

g) Prijenos na dasku za rezanje; ostavite da odstoji 10 minuta, malo poklopljeno. Izrežite na trake od ½ inča.

h) Pripremite salatu: U srednjoj posudi pomiješajte ulje, ocat, đumbir, sok od naranče, sok od limuna, med, sol i papar.

i) Dodajte preostale sastojke salate; nježno baciti. Poslužite uz pire i narezanu piletinu.

24. Dragon Fruit škampi Stir Fry

SASTOJCI:
- 1 zmajevo voće
- 1 funta škampa, oguljenih i očišćenih
- 1 crvena paprika, narezana na ploške
- 1 žuti luk, narezan na ploške
- 2 češnja češnjaka, mljevena
- 2 žlice soja umaka
- 2 žlice biljnog ulja

UPUTE:
a) Dragon fruit prerežite na pola i izdubite meso.
b) U woku ili velikoj tavi zagrijte biljno ulje na jakoj vatri.
c) Dodajte škampe i pržite uz miješanje 2-3 minute ili dok ne porumene i ne budu kuhane.
d) Dodajte papriku, luk i češnjak te uz miješanje pržite još 2-3 minute, odnosno dok povrće malo ne omekša.
e) Dodajte sojin umak i promiješajte da se sjedini.
f) Ubacite meso zmaja i kuhajte još 1-2 minute ili dok se ne zagrije.
g) Poslužite vruće s rižom ili rezancima.

25. Zdjela za bockanje zmajevog voća i lososa

SASTOJCI:
- 1 zmajevo voće
- 1 funta lososa za sushi, narezanog na kockice
- ½ šalice narezanog krastavca
- ½ šalice narezanog avokada
- ¼ šalice narezanog mladog luka
- 2 žlice soja umaka
- 2 žlice rižinog octa
- 1 žlica sezamovog ulja
- Posolite i popaprite po ukusu
- Kuhana riža, za posluživanje

UPUTE:
a) Dragon fruit prerežite na pola i izdubite meso.
b) U velikoj zdjeli pomiješajte losos, krastavac, avokado i mladi luk.
c) U posebnoj zdjeli pomiješajte sojin umak, rižin ocat, sezamovo ulje, sol i papar.
d) Umiješajte preljev u smjesu lososa dok se dobro ne sjedini.
e) Presavijte meso zmajevog voća.
f) Poslužite preko kuhane riže.

26. Takosi od zmajevog voća i svinjetine

SASTOJCI:
- 1 zmajevo voće
- 1 funta mljevene svinjetine
- ½ šalice nasjeckanog crvenog luka
- ¼ šalice nasjeckanog cilantra
- 1 limeta, ocijeđena
- 2 žličice čilija u prahu
- 1 žličica češnjaka u prahu
- 1 žličica kumina
- Posolite i popaprite po ukusu
- 8 malih tortilja

UPUTE:
a) Dragon fruit prerežite na pola i izdubite meso.
b) U velikoj tavi kuhajte mljevenu svinjetinu na srednje jakoj vatri dok ne porumeni i skuha se.
c) Dodajte crveni luk, cilantro, sok limete, čili u prahu, češnjak u prahu, kumin, sol i papar i promiješajte da se sjedini.
d) Ubacite meso zmaja i kuhajte još 1-2 minute ili dok se ne zagrije.
e) Zagrijte tortilje u mikrovalnoj pećnici ili na ringli.
f) Žlicom stavite mješavinu svinjetine i zmajevog voća na tortilje.
g) Poslužite vruće s dodatnim kriškama cilantra i limete, po želji.

27. Zmajeva pržena riža

SASTOJCI:
- 2 šalice kuhane riže od jasmina (hladne)
- 1 šalica povrća narezanog na kockice (kao što su mrkva, grašak, paprika)
- 1/2 šalice kuhane piletine ili škampa narezanog na kockice (po želji)
- 2 žlice biljnog ulja
- 2 žlice soja umaka
- 1 žlica umaka od kamenica (po želji)
- 1/2 žličice naribanog đumbira
- 2 češnja češnjaka, mljevena
- 2 jaja, istučena
- Posolite i popaprite po ukusu
- Narezani zeleni luk za ukras

UPUTE:

Zagrijte biljno ulje u velikoj tavi ili woku na srednje jakoj vatri.

Dodajte naribani đumbir i nasjeckani češnjak te pirjajte 1 minutu dok ne zamiriše.

Dodajte povrće narezano na kockice i kuhanu piletinu ili škampe (ako koristite), te uz miješanje pržite 2-3 minute dok povrće ne omekša.

Gurnite povrće na jednu stranu tave, a na drugu ulijte razmućena jaja.

Miksajte jaja dok ne budu kuhana, a zatim ih pomiješajte s povrćem.

Dodajte hladnu kuhanu rižu u tavu i miješajući pržite još 2-3 minute da se zagrije.

Pokapajte soja umak i umak od kamenica (ako koristite) preko riže i začinite solju i paprom.

Pržite uz miješanje još 2 minute dok se sve dobro ne sjedini i zagrije.

Maknite s vatre i ukrasite narezanim zelenim lukom.

Poslužite vruće.

28. Pečena tuna sa salsom od zmajevog voća

SASTOJCI:
- 1 mali zmajev plod - narezan na kockice
- 1 ljutika - mljevena
- 1 serrano - Fresno, ili jalapeno čili, mljeveni
- 1 žlica sitno nasjeckane metvice - cilantra ili bosiljka
- 1 žlica octa od bijelog vermuta
- morska sol i mljeveni papar po ukusu
- 4 svježa odreska ahi tune
- malo maslinovog ili kokosovog ulja
- morska sol i svježe mljeveni papar

UPUTE:
a) Dragon fruit narežite napola po dužini i žlicom oko vanjskog ruba izdubite meso. Dodajte u malu zdjelu za pripremu.
b) Dodajte mljeveni čili, ljutiku ili luk i ocat. Promiješajte da se sjedini.
c) Začinite po ukusu solju i paprom. Staviti na stranu.
d) Zagrijte roštilj ili tavu na jakoj vatri.
e) Natrljajte odreske tune kokosovim uljem. Posolite i popaprite.
f) Pecite tunu s obje strane, 1-2 minute sa svake strane.
g) Narežite odreske tune.
h) Poslužite s velikom mjericom salse.

29. Piletina na žaru sa salsom od zmajevog voća

SASTOJCI:
- 4 pileća prsa bez kože i kostiju
- 1 dragon voće, narezano na kockice
- 1/2 crvene paprike, narezane na kockice
- 1/4 manjeg crvenog luka, narezanog na kockice
- Sok od 1 limete
- 2 žlice svježeg cilantra, nasjeckanog
- Posolite i popaprite po ukusu
- Maslinovo ulje za roštiljanje

UPUTE:

Zagrijte roštilj na srednje jaku temperaturu.
Pileća prsa posolite i popaprite.
Pecite pileća prsa na roštilju oko 6-8 minuta sa svake strane ili dok se ne ispeku.
U međuvremenu, u zdjeli pomiješajte zmajevo voće narezano na kockice, crvenu papriku, crveni luk, sok limete i cilantro.
Salsu začinite solju i paprom po ukusu.
Pustite salsu da odstoji oko 10-15 minuta kako bi se okusi stopili.
Nakon što je piletina pečena, maknite je s roštilja i ostavite da odstoji nekoliko minuta.
Prelijte svaka pileća prsa na žaru žlicom salse od zmajevog voća.
Pečenu piletinu poslužite s prilogom po želji, poput pečenog povrća ili riže.

30. Portobello gljive punjene zmajevim voćem

SASTOJCI:
- 4 velike Portobello gljive
- 1 dragon voće, oguljeno i narezano na kockice
- 1 šalica kuhane kvinoje ili riže
- 1/4 šalice izmrvljenog feta sira
- 2 žlice nasjeckanog svježeg bosiljka
- 2 žlice glazure od balzama
- Posolite i popaprite po ukusu

UPUTE:
Zagrijte pećnicu na 375°F (190°C).
Portobello gljivama uklonite peteljke i očistite ih.
U zdjeli pomiješajte dragon fruit narezan na kockice, kuhanu kvinoju ili rižu, izmrvljeni feta sir, nasjeckani svježi bosiljak, glazuru od balzama, sol i papar.
Dobro promiješajte dok se svi sastojci ne sjedine.
Napunite svaku Portobello gljivu mješavinom zmajevog voća.
Punjene šampinjone stavite u pleh obložen papirom za pečenje.
Pecite u prethodno zagrijanoj pećnici 20-25 minuta ili dok gljive ne omekšaju i dok se nadjev ne zagrije.
Poslužite punjene gljive Portobello kao aromatično i zadovoljavajuće glavno jelo.

JUHE I CURRIJI

31. Zmajevo voće i tofu curry

SASTOJCI:
- 1 zmajevo voće
- 1 blok ekstra čvrstog tofua, ocijeđen i narezan na kockice
- 1 crvena paprika, narezana na ploške
- 1 žuti luk, narezan na ploške
- 2 češnja češnjaka, mljevena
- 1 konzerva kokosovog mlijeka
- 2 žlice crvene curry paste
- 2 žlice biljnog ulja
- Posolite i popaprite po ukusu

UPUTE:
a) Dragon fruit prerežite na pola i izdubite meso.
b) U velikom loncu ili pećnici zagrijte biljno ulje na srednje jakoj vatri.
c) Dodajte tofu i pržite uz miješanje 2-3 minute ili dok malo ne porumeni.
d) Dodajte papriku, luk i češnjak te uz miješanje pržite još 2-3 minute, odnosno dok povrće malo ne omekša.
e) Dodajte kokosovo mlijeko, crveni curry pastu, sol i papar i promiješajte da se sjedini.
f) Presavijte zmajevo voće
g) Pirjajte curry 10-15 minuta, ili dok se povrće ne skuha po vašoj želji i dok se umak ne zgusne.
h) Poslužite vruće uz rižu ili naan kruh.

32. Juha od svježeg voća Pink Blossom

SASTOJCI:
- 2 jabuke, izrezane na kockice, namočene u slanoj vodi
- 2 naranče, narezane na kockice
- 125 grama jagoda
- 1 limenka voćnog koktela
- 1 kisela sopa bez sjemenki
- 1 crveno zmajevo voće, narezano na kockice
- 2 žlice sjemenki bosiljka, namočenih u 1 šalicu vruće vode
- 1 litra nemasnog mlijeka
- 80 ml kondenziranog mlijeka
- 1 žličica esencije banane

JEDNOSTAVNI SIRUP:
- 250 grama šećera
- 250 ml vode
- 1 zdjelica kockica leda

UPUTE:
a) Pripremite sve svoje voće i sipajte ih u jednu veliku zdjelu.
b) U zdjelu s voćem dodajte voćni koktel bez sirupa, sjemenki bosiljka, mlijeka, kondenziranog mlijeka, esencije banane i jednostavnog sirupa.
c) Dodajte malo kockica leda da bude manje gusto i hladnije.
d) Stavite ga u hladnjak otprilike 1 do 2 sata prije posluživanja.

33. Kokos Mango Pitaya Sago juha

SASTOJCI:
- ¼ šalice sitne biserne tapioke
- 2 zrela manga oguljena i narezana na kockice
- 400 ml punomasnog kokosovog mlijeka
- 400 ml vode
- 1 red dragon fruit narezan na kockice i po želji
- 50 g kineskog kamenog šećera

UPUTE:
a) U loncu srednje veličine s vodom postavljenom na jaku vatru, zakuhajte. Lagano miješajte vodu dok ključa i postupno ulijevajte svoju tapioku uz miješanje.
b) Zatim smanjite vatru na srednju. Kuhajte tapioku 25 minuta bez poklopca.
c) Zatim ostavite u vrućoj vodi bez vrućine 5-7 minuta dok ne postane bistra i prozirna. Odmah procijedite u cjedilu i isperite pod hladnom vodom.
d) Ostavite bisere u situ potopljene u hladnu vodu i ostavite sa strane.
e) U drugi lonac dodajte kokosovo mlijeko s vodom i kineski kameni šećer. Kuhajte 5 minuta dok se šećer potpuno ne otopi uz povremeno miješanje. Ne pokrivajte ovo. Znat ćete kada više ne budete vidjeli šećer ili čuli kako zvecka u loncu.
f) Isključite vatru i ostavite da se ohladi u hladnjaku ili zamrzivaču.
g) Podijelite voće narezano na kockice i procijeđenu tapioku u zdjelice za posluživanje. Ohlađeno prelijte kokosovim mlijekom i poslužite hladno.
h) Uživati!

34. Curry od zmajevog voća

SASTOJCI:
- 1 zmajevo voće, oguljeno i narezano na kockice
- 1 šalica kokosovog mlijeka
- 1 šalica juhe od povrća
- 1 žlica crvene curry paste
- 1 žlica ribljeg umaka (po izboru za nevegetarijansku verziju)
- 1 žlica smeđeg šećera
- 1 crvena paprika, narezana na ploške
- 1 mali luk, narezan na ploške
- 1 šalica miješanog povrća (kao što su cvjetići brokule, grašak i mrkva)
- Svježi cilantro za ukras
- Kuhana riža za posluživanje

UPUTE:
U velikoj tavi ili woku zagrijte malo ulja na srednje jakoj vatri.
Dodajte crvenu curry pastu u tavu i miješajući pržite minutu dok ne zamiriše.
Ulijte kokosovo mlijeko i juhu od povrća. Promiješajte da se sjedini.
Dodajte riblji umak (ako koristite) i smeđi šećer. Miješajte dok se šećer ne otopi.
U tavu dodajte narezanu papriku, luk i miješano povrće. Pržite nekoliko minuta uz miješanje dok povrće ne počne omekšavati.
Lagano dodajte kockice zmajevog voća u tavu i promiješajte da se oblože curry umakom.
Pokrijte tavu i pirjajte oko 5-7 minuta ili dok se povrće ne skuha do željene mekoće.
Po potrebi prilagodite začine.
Curry od dragon fruita poslužite preko kuhane riže.
Ukrasite svježim cilantrom.

SALATE

35. Salata od zmajevog voća s vinom od šljiva

SASTOJCI:
- 2 bijela zmajeva voća
- 2½ šalicevino od šljive
- 1 komad borovnica
- 300 g crnog grožđa bez koštica
- 2 limete
- 2 žličice šećera

UPUTE:
SALATA
a) Prerežite zmajevo voće na pola, po dužini. Koristeći manji kraj kuglice za dinje, slomite što više kuglica zmajevog voća. Stavite zmajevo voće u kuglice u staklenku ili zdjelu i prelijte ga vinom od šljiva dok potpuno ne potopi. Stavite u hladnjak na najmanje 24 sata. Ocijedite i ostavite sa strane.
b) Borovnice operite, osušite i ostavite sa strane.
c) Crno grožđe bez sjemenki prerežite na pola ili trećine ako je dosta veliko. Staviti na stranu.
d) Korica 2 limete. Pomiješajte koricu limete sa šećerom.
SKUPŠTINA
e) U zdjeli srednje veličine lagano pomiješajte dragon fruit, borovnice i crno grožđe.
f) Voćnu salatu stavite na tanjur za posluživanje.
g) Obilno pospite mješavinom korice limete i šećera.
h) Poslužite odmah.

36. Egzotična voćna salata

SASTOJCI:
- 2 zrela manga, papaja ili
- 6 kivija, oguljenih i izrezanih
- 2 banane, oguljene i narezane
- 2 žlice slastičarskog šećera
- 2 žlice limunovog soka ili meda
- ½ žličice ekstrakta vanilije
- ¼ žličice mljevenih kineskih 5 začina u prahu
- ½ maline
- 1 dragon voće, narezano na kockice
- Šećer u prahu
- Lišće mente

UPUTE:
a) Umutiti šećer, limunov sok ili med, vaniliju i kineski prah od 5 začina.
b) Ubacite svo voće.
c) Pospite slastičarskim šećerom i ukrasite listićima mente.

37. Salata od jabuka Dragon Fruit

SASTOJCI:

1 zmajevo voće
2 jabuke, narezane na kockice
1 šalica miješane zelene salate
1/4 šalice nasjeckanih oraha
2 žlice soka od limuna
1 žlica meda
Posolite i popaprite po ukusu
UPUTE:

Dragon fruit prerežite na pola i izdubite meso.

U velikoj zdjeli pomiješajte meso zmaja, jabuke narezane na kockice, miješanu zelenu salatu i nasjeckane orahe.

U maloj posudi pomiješajte sok od limuna, med, sol i papar.

Prelijte preljev preko salate i promiješajte da se sjedini.

Poslužite ohlađeno.

38. Salata od zmajevog voća s tajinom

SASTOJCI:

2 šalice dragon fruit kockica
1 krastavac, narezan na kockice
1 limeta, ocijeđena
Tajin začin po ukusu
Svježi listovi cilantra za ukras
UPUTE:

U zdjeli za miješanje pomiješajte kockice dragon fruita i krastavac narezan na kockice.

Iscijedite sok limete preko voća i promiješajte da se sjedini.

Pospite tajin začinom po salati po ukusu.

Ukrasite svježim listovima cilantra.

Poslužite ohlađeno.

39. Salata od zmajevog voća i avokada s kozicama na žaru

SASTOJCI:
1 dragon voće, narezano na kockice
2 zrela avokada, narezana na ploške
1 funta velikih kozica ili škampa, oguljenih i očišćenih
Miješana zelena salata
2 žlice maslinovog ulja
Sok od 1 limuna
Posolite i popaprite po ukusu

UPUTE:

Zagrijte roštilj na srednje jaku temperaturu.
U zdjelu pomiješajte kozice s maslinovim uljem, limunovim sokom, soli i paprom.
Pecite kozice na roštilju oko 2-3 minute sa svake strane ili dok ne budu kuhane. Staviti na stranu.
U velikoj zdjeli za salatu pomiješajte miješanu zelenu salatu, kockice zmajevog voća i narezani avokado.
Pokapati maslinovim uljem i limunovim sokom.
Začinite solju i paprom po ukusu.
Lagano promiješajte salatu da se svi sastojci sjedine.
Podijelite salatu na tanjure i stavite pečene kozice.
Salatu poslužite kao osvježavajuće i lagano glavno jelo.

40. Salata od zmajevog voća i kivija

SASTOJCI:
- 1 dragon fruit, prerezan na pola, izdubljen i narezan na kockice
- 1 kivi, oguljen i narezan na kolutiće
- ½ šalice borovnica
- ½ šalice malina
- ½ šalice jagoda

UPUTE:
a) Žlicom pažljivo izvadite meso zmajevog voća, ostavljajući koru netaknutu da je koristite kao zdjelu za posluživanje.
b) Zmajevo voće, kivi i jagode narežite na kockice.
c) Pomiješajte i stavite natrag u koru pitaye kao zdjelu.

41. Salata od zmajevog voća s preljevom od đumbira i limete

SASTOJCI:
ZA SALATU
- 2 zmajeva voća
- 1 papaja
- 2 ploda kivija
- 1 komad borovnica
- 1 komad jagoda

ZA PRELJEV
- ½ šalice soka od limete (svježe iscijeđenog)
- 2 žlice đumbira (svježe naribanog)
- 2 žlice smeđeg šećera

UPUTE:
a) Dragon fruit operite i prerežite na pola po dužini, meni je lakše koristiti veliku žlicu za vađenje mesa velikom žlicom, ali možete i nježno skinuti kožu s mesa. Stavite zmajevo voće licem prema dolje na dasku za rezanje i narežite ga na kockice veličine zalogaja.

b) Papaju operite i ogulite gulilicom za povrće, prerežite je po dužini na pola, zatim žlicom izvadite sjemenke i isperite ih kako biste uklonili sve sjemenke. Stavite licem prema dolje na dasku za rezanje i narežite na kocke veličine zalogaja.

c) Kivi operite i ogulite, uzdužno ga narežite na komade veličine zalogaja.

d) Stavite jagode u cjedilo i dobro ih isperite pod mlazom hladne vode kako ih ne biste oštetili. Jagode lako upijaju vodu pa ih je zato najbolje oprati i potom oljuštiti.

e) Nježno lupnite po dnu cjedila u sudoperu kako bi voda iscurila i osušite. Ogulite bobice i narežite ih na pola ili četvrtine, ovisno o veličini.

f) Stavite borovnice u posebno cjedilo i dobro ih isperite pod laganom mlazom hladne vode. Provucite cjedilo i osušite.

g) Sve sastojke za preljev stavite u staklenu posudu i dobro protresite da se sjedine.

h) Kušajte i prilagodite svojim željama. Ovo je naborasti, trpki preljev ako više volite nešto slađe, a zatim dodajte još malo šećera, meda ili javorovog sirupa.

i) Stavite voće, bobičasto voće i preljev u veliku zdjelu za miješanje i dobro promiješajte da se sjedine. Složite u zdjelu za salatu i poslužite s kokosovim jogurtom ili sladoledom.

42. Salata od zmajevog voća i kvinoje

SASTOJCI:
- 1 zmajevo voće
- 2 šalice kuhane kvinoje
- ½ šalice izmrvljenog feta sira
- ½ šalice nasjeckanog krastavca
- ½ šalice nasjeckanih cherry rajčica
- 2 žlice nasjeckane svježe metvice
- 2 žlice maslinovog ulja
- 1 žlica meda
- Posolite i popaprite po ukusu

UPUTE:
a) Dragon fruit prerežite na pola i izdubite meso.
b) U velikoj zdjeli pomiješajte kvinoju, feta sir, krastavac, cherry rajčice i metvicu.
c) U posebnoj posudi pomiješajte maslinovo ulje, med, sol i papar.
d) Umiješajte preljev u smjesu kvinoje dok se dobro ne sjedini.
e) Presavijte meso zmajevog voća.
f) Poslužite ohlađeno na podlozi od zelene salate ili miješanog povrća.

43. Salata od zmajevog voća i krvave naranče

SASTOJCI:
2 šalice miješane zelene salate
1 dragon voće, narezano na kockice
2 krvave naranče, segmentirane
¼ šalice izmrvljenog feta sira
2 žlice prženih pinjola
2 žlice balzamičnog octa
2 žlice maslinovog ulja
Posolite i popaprite po ukusu

UPUTE:
U velikoj zdjeli pomiješajte miješanu zelenu salatu, kockice zmajevog voća, segmente crvene naranče, izmrvljeni feta sir i pržene pinjole.

U posebnoj maloj posudi pomiješajte balzamični ocat, maslinovo ulje, sol i papar.

Prelijte preljev preko salate i promiješajte da se sjedini.

Poslužite odmah.

44. Salata od zmajevog voća s vinom od šljiva

SASTOJCI:

2 šalice dragon fruit kockica
2 šljive narezane na ploške
¼ šalice vina od šljiva
2 žlice meda ili javorovog sirupa
Listići svježe mente za ukrašavanje

UPUTE:

U zdjeli za miješanje pomiješajte kockice dragon fruita i narezane šljive.

U posebnoj posudi pomiješajte vino od šljiva i med ili javorov sirup.

Prelijte mješavinu vina od šljiva preko voća i lagano promiješajte da se sjedini.

Ostavite salatu da se marinira u hladnjaku najmanje 30 minuta.

Prije posluživanja ukrasite listićima svježe mente.

45. Salata od zmajevog voća i rakova

SASTOJCI:
- 1 dragon voće, narezano na kockice
- ½ funte grudnog mesa rakova
- ¼ šalice majoneze
- ¼ šalice grčkog jogurta
- 2 žlice nasjeckanog vlasca
- 1 žlica soka od limuna
- Posolite i popaprite po ukusu

UPUTE:
a) U srednjoj zdjeli pomiješajte majonezu, grčki jogurt, vlasac, limunov sok, sol i papar.
b) Nježno umiješajte narezano dragon fruit i grudice mesa raka.
c) Ohladite najmanje 30 minuta prije posluživanja.

46. Waldorfska salata od zmajevog voća

SASTOJCI:

- 1 komad dragon voće zrelo, narezano na kockice
- 1 komad zelene jabuke narezane na kockice
- 1 komad crvene jabuke narezane na kockice
- ½ šalice crvenog grožđa narezanog na polovice
- ¼ šalice nasjeckanog cilantra
- ⅓ šalice grčkog jogurta
- 2 žlice majoneze bez jaja
- 1 žličica soka od limete
- 2 žličice meda
- ½ žličice soli
- ½ žličice naribanog đumbira
- 2 žlice nasjeckanih badema
- 2 žlice nasjeckanih indijskih oraščića
- 1 žlica nasjeckanih oraha
- 5-6 listova zelene salate

UPUTE:

a) U zdjelu uzmite kockice zmajevog voća, crvenu i zelenu jabuku.

b) U drugoj maloj posudi pomiješajte jogurt, med, majonezu, sol, đumbir i sok od limete.

c) Pripremljeni dresing preliti preko kockica voća.

d) Zatim dodajte grožđe, nasjeckane bademe, indijske orahe, orahe i cilantro.

e) Promiješajte da se sjedini pazeći da preljev dobro prekriva voće.

f) Ohladite salatu najmanje 30 minuta u hladnjaku. Poslužite hladno iznad sloja zelene salate

DESERT

47. Goji, pistacije i kolač od limuna

SASTOJCI:
ZA SIROVE VEGANSKE KORE OD PISTACIJA:
- 1½ šalice bademovog brašna ili krupice od badema
- ½ šalice pistacija
- 3 datuma
- 1½ žlica kokosovog ulja
- ½ žličice mljevenog kardamoma u prahu
- ⅛ žličice soli

PUNJENJE:
- 1½ šalice kokosovog vrhnja
- 1 šalica limunovog soka
- 1 žlica kukuruznog škroba
- 2 žličice agar-agara
- ¼ šalice javorovog sirupa
- ½ žličice mljevene kurkume u prahu
- 1 žličica ekstrakta vanilije
- ½ žličice goji ekstrakta

PRELJEVI:
- šaka goji bobica
- zmajevo voće
- jestivo cvijeće
- čokoladna srca

UPUTE:
TART LJUSKA
a) Pomiješajte bademovo brašno i pistacije u multipraktiku/blenderu do sitnih mrvica.
b) Dodajte ostale sastojke za koru i dobro izmiješajte dok ne dobijete jednoličnu ljepljivu smjesu.
c) Dodajte tijesto za koru u kalup za torte i ravnomjerno ga rasporedite po podlozi.
d) Ostavite da se ohladi u frižideru, dok pripremate fil.

PUNJENJE
e) Zagrijte kokosovo vrhnje u srednjoj tavi, dobro miješajući dok ne postane glatko i jednolično.
f) Dodajte ostale sastojke za punjenje, uključujući kukuruzni škrob i agar agar.

g) Uz stalno miješanje zakuhajte i kuhajte nekoliko minuta dok se ne počne zgušnjavati.
h) Kada se smjesa zgusne maknite je s vatre i ostavite 10-15 minuta da se ohladi.
i) Zatim preliti preko kore i ostaviti da se potpuno ohladi.
j) Stavite u hladnjak na najmanje par sati, dok se nadjev potpuno ne stegne.
k) Ukrasite goji bobicama, kuglicama zmajevog voća i jestivim cvijećem ili omiljenim preljevima.

48. Parfe od zmajevog voća i jogurta

SASTOJCI:
- 1 dragon fruit crveno meso, oguljeno
- 1 dragon fruit bijelo meso, oguljeno
- 1 banana oguljena
- 1 žlica meda
- 2 šalice običnog jogurta ili jogurta po izboru
- granola po ukusu
- borovnice po ukusu

UPUTE:
a) Pomiješajte zmajevo voće (crveno meso), pola zmajevo voće (bijelo meso), bananu, med i 1 šalicu jogurta dok ne postane glatko.
b) S preostalom polovicom zmajevog voća s bijelim mesom, upotrijebite kuglicu za dinju i oblikujte kuglice. Staviti na stranu.
c) Napunite čašice preostalim jogurtom (otprilike ⅓ visine čašice). Prelijte jogurt izmiksanom smjesom.
d) Ukrasite borovnicama, granolom i kuglicama zmajevog voća (bijelo meso).

49. Slatkiši od zmajskog voća

SASTOJCI:
- 3 šalice zmajevog voća smrznutog ili svježeg
- 1 šalica smrznutih ili svježih malina
- 2 naranče, ocijeđene
- 1 limeta, ocijeđena
- ½ šalice kokosove vode
- ½ šalice šećera ili šećernog sirupa po želji

UPUTE:

a) Pomiješajte sve sastojke u blenderu dok se potpuno ne izmiješaju. Dodajte još kokosove vode ako je potrebno da dobijete željenu konzistenciju. Po želji dodajte do ½ šalice šećera za željenu razinu slatkoće.

b) Ulijte smjesu zmajevog voća u kalup za sladoled i dodajte drvene štapiće za sladoled. Zamrznite 4-6 sati, ili dok se potpuno ne zamrzne.

c) Izvadite sladoled od kalupa i uživajte!

50. Sorbet od zmajevog voća

SASTOJCI:
- 2 zmajeva voća
- ¼ šalice meda
- ¼ šalice vode
- Sok od 1 limete

UPUTE:
a) Dragon fruits prerežite na pola i izdubite meso.
b) Pasirajte meso zmajevog voća u blenderu ili procesoru hrane dok ne postane glatko.
c) U malom loncu zagrijte med i vodu na srednjoj vatri, miješajući dok se med ne otopi.
d) Dodajte mješavinu meda i sok limete u pire od zmajevog voća i miješajte dok se dobro ne sjedini.
e) Smjesu ulijte u aparat za sladoled i mutite prema uputama proizvođača.
f) Prebacite sorbet u posudu i zamrznite najmanje 1 sat prije posluživanja.

51. Šifon kolačići od zmajevog voća

SASTOJCI:
- 3 žumanjka
- 25 g šećera u prahu
- 70g pirea od zmajevog voća
- 40 g kukuruznog ulja
- ¼ žličice ekstrakta vanilije
- 55 g samodizajućeg brašna
- 2 žlice kukuruznog brašna
- 3 Bjelanjka
- ⅛ žličice kreme od zubnog kamenca
- 60 g šećera u prahu

UPUTE:
a) Žumanjke i šećer pjenasto izmiješajte dok ne postanu svijetli i pjenasti. Pomiješajte pire od zmajevog voća, kukuruzno ulje i ekstrakt vanilije. Lagano umiješajte samodizajuće brašno i kukuruzno brašno.
b) U posebnoj čistoj posudi umutite bjelanjke, tartar kremu i šećer u prahu dok ne postanu pjenasti i čvrsti. Pažljivo umiješajte smjesu žumanjaka u tučeni bjelanjak dok se dobro ne sjedini.
c) Žlicom stavite tijesto u kalupe za kolače. Lagano lupkajte podloge za kolače kako biste oslobodili mjehuriće zraka.
d) Pecite u prethodno zagrijanoj pećnici na 170C 10 minuta pa smanjite temperaturu na 160C i pecite još 20-25 minuta ili dok ražnjić umetnut u tortu ne izađe čist.
e) Izvadite iz pećnice i odmah preokrenite kolač.
f) Ostavite na miru dok se potpuno ne ohladi.

52. Mousse torta od malina i zmajevog voća

SASTOJCI:
ZA MOUSSE TORTE:
- 1 šalica sirovih indijskih oraščića, namočenih preko noći
- 4,2 unce zmajevog voća
- ½ šalice malina
- 5 žlica kokosovog vrhnja
- 3 žlice ekstra djevičanskog kokosovog ulja, otopljenog
- 2 žlice nektara agave
- ½ žličice esencije vanilije
- 1 žlica soka od limuna
- Prstohvat himalajske soli

ZA ČOKOLADNI UMAK:
- ⅓ šalice veganskih čokoladnih komadića
- 2 žličice ekstra djevičanskog kokosovog ulja

UPUTE:
ZA NAPRAVU MOUSSE KOLAČA:
a) Namočene indijske oraščiće ocijedite i temeljito isperite.
b) Dobro izmiješajte sve sastojke osim kokosovog ulja u procesoru hrane velike brzine. Miješajte dok ne postane glatko. Dodajte otopljeno kokosovo ulje. Pomiješajte i ponovno miješajte dok se dobro ne sjedini.
c) Ulijte smjesu u kalupe za muffine. Stavite u zamrzivač na 3 sata da se stegne.

ZA NAPRAVU ČOKOLADNOG UMAKA:
d) Otopite komadiće čokolade na parnom kotlu.
e) Dodajte kokosovo ulje i dobro promiješajte pjenjačom. Pričekajte nekoliko minuta dok se čokolada ne počne zgušnjavati.
f) Svaki ohlađeni kolač prelijte jednom žlicom čokoladnog preljeva.

53. Želei od zmajevog voća

SASTOJCI:
- 6 šalica vode
- 2 žlice agar agar praha
- 200 g sirovog meda
- 1 šalica pirea Dragon Fruit
- 3 lista pandana – vezana u čvor (nije obavezno)

UPUTE:

a) Dodajte agar agar prah s 1 šalicom (250 ml) vode u srednji lonac i dobro promiješajte dok se dobro ne sjedini. Dodajte ravnotežu vode i lišća pandana i pustite da prokuha. Provjerite je li prašak potpuno otopljen. Ugasite vatru i uklonite listove pandana.

b) Dodajte ostatak sastojaka i dobro promiješajte.

c) Izliti u kalup ili pleh (20cm x 20cm). Kad se ohladi, ohladite u hladnjaku 30 minuta.

d) Za oslobađanje od kalupa nožem za maslac prođite po rubovima i nježno stisnite kalup da oslobodite agar agar. Za agar u posudama nožem za maslac narežite ih na kvadratne ili pravokutne oblike.

54. Zmajevo voće guava sladoled

SASTOJCI:

1 šalica pirea od zmajevog voća
½ šalice soka od guave
¼ šalice vode
2 žlice meda ili javorovog sirupa
Kalupi za sladoled
Štapići za sladoled
UPUTE:

U blenderu pomiješajte pire od zmajevog voća, sok od guave, vodu i med ili javorov sirup. Miješajte dok se dobro ne sjedini.
Ulijte smjesu u kalupe za sladoled.
U kalupe umetnite štapiće za sladoled.
Zamrznite najmanje 4-6 sati ili dok se potpuno ne zamrzne.
Za vađenje sladoleda iz kalupa, pustite kalupe pod toplom vodom nekoliko sekundi.
Poslužite smrznuto.

55. Raspberry Dragon Fruit sladoled

SASTOJCI:

1 šalica pirea od zmajevog voća
1 šalica pirea od malina
¼ šalice vode
2 žlice meda ili javorovog sirupa
Kalupi za sladoled
Štapići za sladoled
UPUTE:

U blenderu pomiješajte pire od zmajevog voća, pire od malina, vodu i med ili javorov sirup. Miješajte dok se dobro ne sjedini.
Ulijte smjesu u kalupe za sladoled.
U kalupe umetnite štapiće za sladoled.
Zamrznite najmanje 4-6 sati ili dok se potpuno ne zamrzne.
Za vađenje sladoleda iz kalupa, pustite kalupe pod toplom vodom nekoliko sekundi.
Poslužite smrznuto.

56. Slojevita torta od ružičastog zmajevog voća

SASTOJCI:
2 ½ šalice višenamjenskog brašna
2 ½ žličice praška za pecivo
½ žličice soli
1 šalica neslanog maslaca, omekšalog
2 šalice šećera
4 velika jaja
1 žličica ekstrakta vanilije
1 šalica mlijeka
½ šalice pirea od dragon fruita
Ružičasta prehrambena boja (po izboru)
Glazura od maslaca
Ploške zmajevog voća za ukras

UPUTE:
Zagrijte pećnicu na 350°F (175°C). Namastite i pobrašnite tri kalupa za tortu od 8 inča.
U posudi za miješanje pomiješajte brašno, prašak za pecivo i sol.
U zasebnoj zdjeli miksajte maslac i šećer dok ne postane svijetlo i pjenasto.
Umutite jaja, jedno po jedno, a zatim i ekstrakt vanilije.
Postupno dodajte smjesu brašna mokrim sastojcima, naizmjenično s mlijekom. Miješajte dok se ne sjedini.
Tijesto ravnomjerno podijelite na tri dijela. Jedan dio ostavite običan, u drugi dio umiješajte ružičastu prehrambenu boju, a u treći dio umiješajte pire od zmajevog voća.
Svaki dio tijesta izlijte u poseban kalup za tortu.
Pecite 20-25 minuta ili dok čačkalica zabodena u sredinu ne izađe čista.
Izvadite iz pećnice i ostavite kolače da se ohlade u kalupima 10 minuta prije nego što ih prebacite na rešetku da se potpuno ohlade.
Nakon što se kolači ohlade, slojite ih glazurom od putera između svakog sloja.
Premažite vrh i strane torte preostalom glazurom od puter kreme.
Ukrasite kriškama zmajevog voća.
Narežite i poslužite.

57. Torta prelivena zmajevim voćem

SASTOJCI::
ZA TART KORE:
- 1 1/2 šalice višenamjenskog brašna
- 1/4 šalice granuliranog šećera
- 1/2 žličice soli
- 1/2 šalice neslanog maslaca, hladnog i narezanog na kockice
- 1 veliki žumanjak
- 2 žlice ledene vode

ZA NADJEV:
- 8 unci krem sira, omekšalog
- 1/4 šalice šećera u prahu
- 1 žličica ekstrakta vanilije

PRELJEV:
- 2 šalice zmajevog voća, narezanog na kockice
- Listići svježe mente za ukras (po želji)

UPUTE:
a) Zagrijte pećnicu na 375°F (190°C).
b) U sjeckalici pomiješajte brašno, granulirani šećer i sol. Pulsirajte nekoliko puta za miješanje.
c) Dodajte hladni maslac narezan na kockice i miksajte dok smjesa ne nalikuje grubim mrvicama.
d) U maloj zdjeli umutite žumanjak i ledenu vodu.
e) Polako ulijevajte smjesu žumanjaka u multipraktik uz pulsiranje dok se tijesto ne sjedini.
f) Izvadite tijesto na lagano pobrašnjenu površinu i premijesite ga nekoliko puta da se sjedini.
g) Razvaljajte tijesto da stane u kalup za tart i premjestite ga u kalup, utiskujući ga na dno i prema gore.
h) Odrežite sav višak tijesta s rubova.
i) Donji dio kore izbockajte vilicom da se ne napuhne tijekom pečenja.
j) Kalup za tart stavite u hladnjak na 15-ak minuta da se ohladi.
k) Pecite koru za tart u prethodno zagrijanoj pećnici 15-18 minuta ili dok ne porumeni.
l) Izvadite iz pećnice i ostavite da se potpuno ohladi.
m) U zdjeli za miješanje tucite omekšali krem sir, šećer u prahu i ekstrakt vanilije dok ne postanu glatki i kremasti.
n) Nadjev od krem sira ravnomjerno rasporedite po ohlađenoj kori za tart.
o) Rasporedite kockice zmajevog voća na vrh nadjeva, stvarajući ukrasni uzorak.
p) Po želji ukrasite listićima svježe mente.
q) Ohladite tart najmanje 1 sat prije posluživanja kako bi se okusi stopili i nadjev stvrdnuo.
r) Narežite i poslužite ohlađeno.

58. Nemoguća pita od zmajevog voća

SASTOJCI:

1 šalica pirea od zmajevog voća
½ šalice višenamjenskog brašna
1 ½ šalice mlijeka
¾ šalice šećera
4 jaja
1 žličica ekstrakta vanilije
½ žličice soli
Šlag za preljev

UPUTE:

Zagrijte pećnicu na 350°F (175°C). Namastite posudu za pitu od 9 inča.

U zdjeli za miješanje pomiješajte pire od zmajevog voća, brašno, mlijeko, šećer, jaja, ekstrakt vanilije i sol dok se dobro ne sjedine.

Smjesu izliti u podmazan kalup za pitu.

Pecite 45-50 minuta ili dok se pita ne stegne i čačkalica zabodena u sredinu ne izađe čista.

Izvadite iz pećnice i ostavite da se potpuno ohladi.

Nakon što se ohladi, stavite u hladnjak najmanje 2 sata prije posluživanja.

Prije posluživanja prelijte šlagom.

59. Torta s kremom od zmajevog voća

SASTOJCI:
ZA TORTU:
2 ½ šalice višenamjenskog brašna
2 ½ žličice praška za pecivo
½ žličice soli
1 šalica neslanog maslaca, omekšalog
2 šalice šećera
4 velika jaja
1 žličica ekstrakta vanilije
1 šalica mlijeka
½ šalice pirea od dragon fruita
Ružičasta prehrambena boja (po izboru)
ZA PUTER KREMU:
1 šalica neslanog maslaca, omekšalog
4 šalice šećera u prahu
1 žličica ekstrakta vanilije
2-3 žlice pirea od zmajevog voća
Ružičasta prehrambena boja (po izboru)

UPUTE:
Zagrijte pećnicu na 350°F (175°C). Namastite i pobrašnite dva kalupa za tortu od 9 inča.
U posudi za miješanje pomiješajte brašno, prašak za pecivo i sol.
U zasebnoj zdjeli miksajte maslac i šećer dok ne postane svijetlo i pjenasto.
Umutite jaja, jedno po jedno, a zatim i ekstrakt vanilije.
Postupno dodajte smjesu brašna mokrim sastojcima, naizmjenično s mlijekom. Miješajte dok se ne sjedini.
Tijesto ravnomjerno rasporedite u pripremljene kalupe za torte.
Pecite 25-30 minuta ili dok čačkalica zabodena u sredinu ne izađe čista.
Izvadite iz pećnice i ostavite kolače da se ohlade u kalupima 10 minuta prije nego što ih prebacite na rešetku da se potpuno ohlade.
U posebnoj zdjeli za miješanje izmiksajte omekšali maslac, šećer u prahu, ekstrakt vanilije i pire od zmajevog voća dok ne postane glatko i kremasto. Po želji dodajte ružičastu prehrambenu boju.
Nakon što se kolači ohlade, premažite ih kremom od zmajevog voća. Narežite i poslužite.

60. Dragon Fruit Barfi

SASTOJCI:
- 2 šalice pirea od zmajevog voća
- 1 šalica kondenziranog mlijeka
- 1 šalica mlijeka u prahu
- 1/2 šalice gheeja (pročišćenog maslaca)
- Sjeckani pistacije i bademi za ukras

UPUTE:

U tavi koja se ne lijepi zagrijte ghee na laganoj vatri.
Dodajte pire od zmaja i kuhajte uz neprestano miješanje dok se malo ne zgusne.
Dodajte kondenzirano mlijeko i mlijeko u prahu u tavu. Dobro promiješajte.
Kuhajte smjesu na laganoj vatri uz stalno miješanje dok se ne zgusne i počne napuštati stijenke posude.
Maknite s vatre i ostavite da se ohladi nekoliko minuta.
Namažite lim ili posudu za pečenje gheejem.
Smjesu prebacite na podmazan lim i ravnomjerno rasporedite.
Ukrasite nasjeckanim pistacijama i bademima, lagano ih utisnuvši u smjesu.
Pustite da se potpuno ohladi, a zatim ostavite u hladnjaku nekoliko sati da se stegne.
Narežite na komade i poslužite.

61. Puding od tapioke od zmajevog voća

SASTOJCI:
- 1/2 šalice malih bisera tapioke
- 2 šalice vode
- 1 šalica pirea od zmajevog voća
- 1/2 šalice šećera
- 1/2 šalice kokosovog mlijeka
- Narezano zmajevo voće za ukras

UPUTE:

U loncu zakuhajte vodu.
Dodajte bisere tapioke u kipuću vodu i kuhajte oko 15 minuta, povremeno miješajući, dok biseri ne postanu prozirni.
Kuhane perle tapioke ocijedite i isperite pod hladnom vodom.
U zasebnoj tavi pomiješajte pire od zmajevog voća, šećer i kokosovo mlijeko. Zagrijte na srednjoj vatri dok smjesa ne počne ključati.
Dodajte kuhane bisere tapioke u smjesu zmajevog voća i dobro promiješajte.
Kuhajte još 2-3 minute dok se ne zagrije.
Maknite s vatre i ostavite da se malo ohladi.
Premjestite puding u zdjelice ili čaše za posluživanje.
Ukrasite narezanim zmajevim voćem.
Poslužite toplo ili ohlađeno.

62. Zmajevo voće Firni

SASTOJCI:
- 1 šalica pirea od zmajevog voća
- 4 šalice mlijeka
- 1/2 šalice rižinog brašna
- 1/2 šalice šećera
- 1/4 žličice kardamoma u prahu
- Sjeckani pistacije i bademi za ukras

UPUTE:

U blenderu pasirajte zmajevo voće dok ne postane glatko.
U loncu zagrijte mlijeko na srednje jakoj vatri dok ne počne kuhati.
U posebnoj zdjeli pomiješajte rižino brašno i malo vode da dobijete glatku smjesu.
Mješavinu rižinog brašna polako ulijevajte u kipuće mlijeko uz stalno miješanje.
Smjesu kuhajte na laganoj vatri uz stalno miješanje dok se ne zgusne i dobije pudingastu konzistenciju.
Dodajte šećer i kardamom u prahu i miješajte dok se dobro ne sjedini.
Maknite s vatre i ostavite da se ohladi nekoliko minuta.
Umiješajte pire od zmajevog voća.
Ulijte firniju u zdjelice za posluživanje i ukrasite nasjeckanim pistaćima i bademima.
Stavite u hladnjak dok se ne ohladi prije posluživanja.

63. Krema od zmajevog voća s tortom od meringue lješnjaka

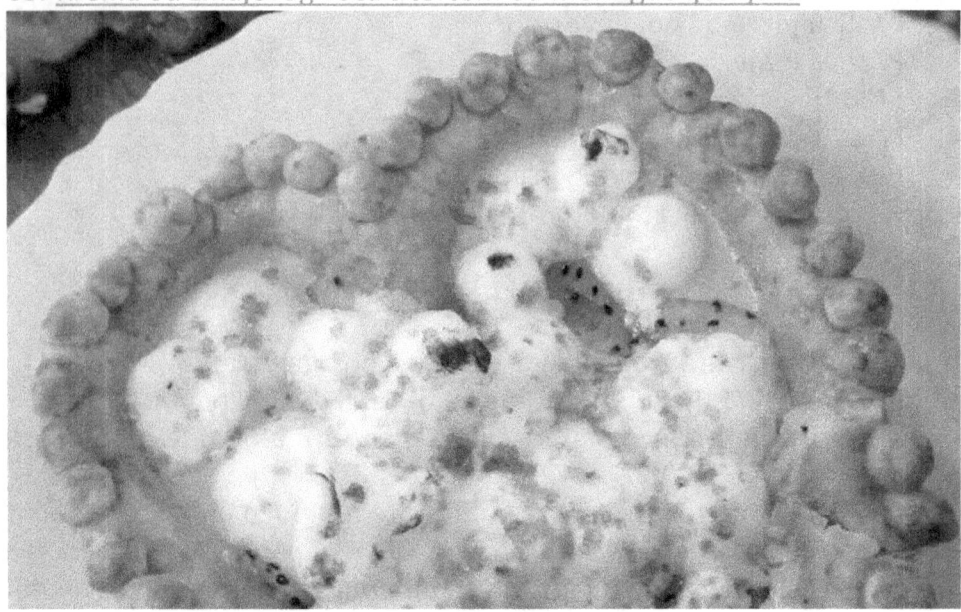

SASTOJCI:
ZA MERINGUE TART OD LJEŠNJAKA:
- 1 1/2 šalice zdrobljenih graham krekera
- 1/2 šalice otopljenog maslaca
- 1/2 šalice nasjeckanih lješnjaka
- 1/4 šalice šećera
- 3 bjelanjka
- 1/4 žličice tartar kreme
- 1/2 šalice šećera

ZA KRAJMU OD ZMAJSKOG VOĆA:
- 2 šalice pirea od zmajevog voća
- 1 šalica mlijeka
- 1/2 šalice šećera
- 1/4 šalice kukuruznog škroba
- 4 žumanjka
- 1 žličica ekstrakta vanilije

UPUTE:
Zagrijte pećnicu na 350°F (175°C).

U zdjeli za miješanje pomiješajte zdrobljene graham krekere, otopljeni maslac, nasjeckane lješnjake i 1/4 šalice šećera. Dobro promiješajte.

Utisnite smjesu u kalup za tart, oblikujući koru.

Koru pecite u zagrijanoj pećnici oko 10 minuta dok lagano ne porumeni. Izvadite iz pećnice i ostavite da se ohladi.

U posebnoj zdjeli tucite bjelanjke s tartar kremom dok ne postanu mekani snijeg.

Postupno dodajte 1/2 šalice šećera, tukući dok se ne formiraju čvrsti vrhovi.

Smjesu za meringue rasporedite preko ohlađene kore za tart, pazeći da prekrijete i rubove.

Pecite u pećnici oko 20 minuta ili dok meringue ne porumeni. Izvadite iz pećnice i ostavite da se ohladi.

U loncu pomiješajte pire od zmajevog voća, mlijeko, šećer, kukuruzni škrob i žumanjke. Dobro umutiti.

Smjesu kuhajte na srednjoj vatri uz stalno miješanje dok se ne zgusne i ne zavrije.

Maknite s vatre i umiješajte ekstrakt vanilije.

Ulijte kremu u pripremljenu koru za tart.

Neka se potpuno ohladi prije posluživanja.

64. Dragon Fruit Coconut Modak

SASTOJCI:
- 1 šalica naribanog svježeg kokosa
- 1/2 šalice kondenziranog mlijeka
- 1/2 šalice pulpe dragon fruita
- 1/2 šalice šećera u prahu
- 1 šalica rižinog brašna
- 1/2 šalice vode
- Ghee (pročišćeni maslac) za podmazivanje

UPUTE:
U tavi na srednjoj vatri zagrijte naribani kokos i kondenzirano mlijeko.
Kuhajte uz stalno miješanje dok se smjesa ne zgusne i ne počne napuštati stijenke posude.
Dodajte pulpu zmajevog voća i šećer u prahu u tavu. Dobro promiješajte i kuhajte još 2-3 minute.
Maknite smjesu s vatre i pustite da se ohladi.
U zasebnoj posudi pomiješajte rižino brašno i vodu da dobijete glatko tijesto.
Uzmite mali dio tijesta i poravnajte ga u obliku diska.
Stavite žlicu smjese zmajevog voća i kokosa u sredinu diska.
Savijte rubove diska da zatvorite nadjev i oblikujte ga u modak.
Ponoviti postupak sa preostalim tijestom i nadjevom.
Modake kuhajte na pari oko 10-12 minuta.
Skinite s kuhala na pari i ostavite da se ohlade prije posluživanja.

65. Zmajevo voće Kalakand

SASTOJCI:
- 2 šalice naribanog paneera (indijskog svježeg sira)
- 1 šalica pulpe dragon fruita
- 1/2 šalice kondenziranog mlijeka
- 1/4 šalice šećera u prahu
- 1/4 žličice kardamoma u prahu
- Sjeckani orašasti plodovi za ukras (kao što su bademi ili pistacije)

UPUTE:
U neprianjajućoj tavi na laganoj vatri zagrijte naribani paneer.
Dodajte pulpu zmajevog voća, kondenzirano mlijeko, šećer u prahu i kardamom u prahu u tavu.
Dobro promiješajte i kuhajte uz stalno miješanje dok se smjesa ne zgusne i počne napuštati stijenke posude.
Maknite s vatre i ostavite da se malo ohladi.
Namažite lim ili posudu za pečenje gheejem.
Smjesu prebacite na podmazan lim i ravnomjerno rasporedite.
Ukrasite nasjeckanim orašastim plodovima i lagano ih utisnite u smjesu.
Pustite da se potpuno ohladi, a zatim ostavite u hladnjaku nekoliko sati da se stegne.
Narežite na komade i poslužite.

66. Žele ili puding od zmajevog voća

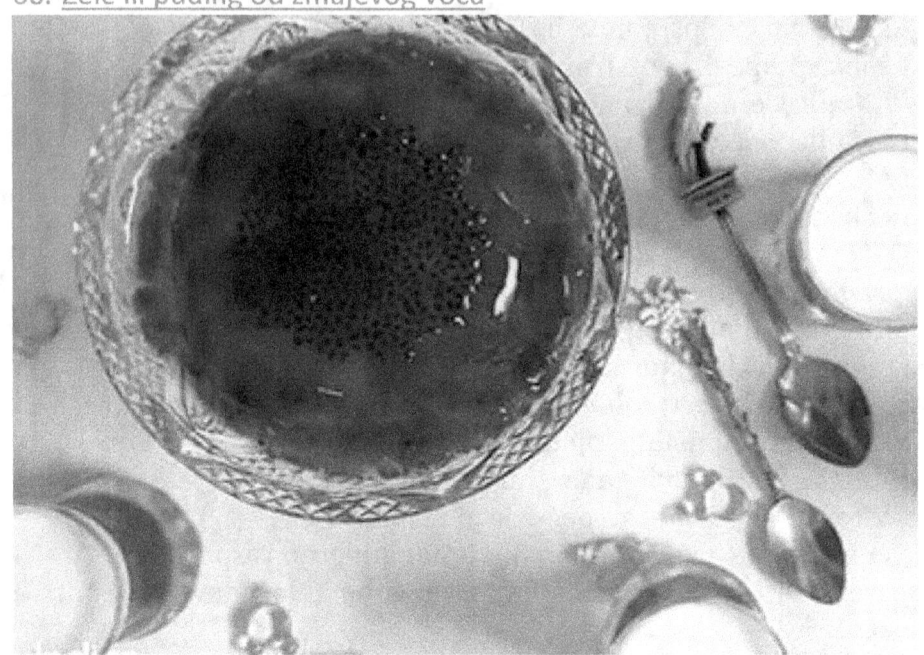

SASTOJCI:
1 Dragon Fruit, meso izvađeno
1 šalica vode
1/2 šalice šećera
1 žlica agar-agar praha

UPUTE:
U blenderu izradite pire od mesa zmaja dok ne postane glatko.
U loncu pomiješajte vodu, šećer i agar-agar prah. Dobro promiješati.
Pustite smjesu da zakipi na srednjoj vatri uz stalno miješanje.
Smanjite vatru i dodajte pire od zmajevog voća. Dobro promiješajte da se sjedini.
Nastavite kuhati još 2-3 minute dok se smjesa ne zgusne.
Smjesu ulijte u kalupe ili čaše za posluživanje.
Ostavite da se ohladi na sobnoj temperaturi, a zatim u hladnjaku dok se ne stegne.
Poslužite ohlađeno.

67. Puding od crvenog zmajskog voća

SASTOJCI:
- 1 crveno zmajevo voće
- 1 šalica kokosovog mlijeka
- 1/4 šalice šećera
- 2 žlice kukuruznog škroba
- 1/4 žličice ekstrakta vanilije
- Listići svježe mente za ukras (po želji)

UPUTE:

Prerežite crveno zmajevo voće na pola i izdubite meso.
U blenderu izradite pire od mesa zmaja dok ne postane glatko.
U loncu pomiješajte kokosovo mlijeko, šećer i kukuruzni škrob. Miješajte dok se šećer i kukuruzni škrob ne otope.
Stavite lonac na srednju vatru i kuhajte uz stalno miješanje dok se smjesa ne zgusne.
Maknite s vatre i umiješajte pire od zmajevog voća i ekstrakt vanilije.
Ulijte smjesu u zdjelice za posluživanje ili ramekine.
Ostavite da se ohladi na sobnoj temperaturi, a zatim u hladnjaku najmanje 2 sata da se stegne.
Prije posluživanja ukrasite listićima svježe mente.

ZAČINI

68. Salsa od zmajevog voća

SASTOJCI:
- 1 veliki zmajev plod
- 3 žlice svježeg soka od limuna
- 1 jalapeno narezan na kockice
- 2 žlice vlasca narezanog na kockice
- crtica soli

UPUTE:
a) Dodajte sve sastojke u srednju zdjelu i promiješajte.
b) Ostavite da odstoji 1 sat kako bi se okusi pomiješali.
c) Poslužite uz kukuruzni tortilja čips.

69. Guacamole od zmajevog voća

SASTOJCI:
- 1 zmajevo voće
- 2 zrela avokada
- ¼ šalice crvenog luka nasjeckanog na kockice
- ¼ šalice nasjeckanog cilantra
- 1 jalapeno papričica, očišćena od sjemenki i mljevena
- 2 žlice soka od limete
- Posolite i popaprite po ukusu
- Tortilja čips, za posluživanje

UPUTE:
a) Dragon fruit prerežite na pola i izdubite meso.
b) U srednjoj zdjeli zgnječite avokado vilicom ili gnječilicom za krumpir.
c) Umiješajte zmajevo voće, crveni luk, cilantro, jalapeno papar, sok limete, sol i papar.
d) Dobro promiješajte i ostavite guacamole barem 10 minuta da se okusi stope.
e) Poslužite ohlađeno uz tortilja čips.

70. Chutney od zmajevog voća

SASTOJCI:
- 1 dragon voće, narezano na kockice
- 1 žlica biljnog ulja
- 1 manja glavica luka sitno nasjeckana
- 2 režnja češnjaka, mljevena
- 1 žlica naribanog đumbira
- ¼ šalice smeđeg šećera
- ¼ šalice jabučnog octa
- ¼ žličice mljevenog cimeta
- Posolite i popaprite po ukusu

UPUTE:
a) Zagrijte ulje u srednje jakoj tavi na srednjoj vatri.
b) Dodajte luk, češnjak i đumbir i pirjajte dok luk ne omekša i postane proziran, oko 5 minuta.
c) Dodajte zmajevo voće narezano na kockice, smeđi šećer, jabučni ocat, cimet, sol i papar.
d) Pustite da zavrije, zatim smanjite vatru i pustite da kuha dok se umak ne zgusne i zmajevo voće ne omekša oko 15-20 minuta.
e) Poslužite kao začin mesu s roštilja ili kao umak za umakanje proljetnih rolica.

71. Gorušica od zmajevog voća

SASTOJCI:
- ½ šalice žutih sjemenki gorušice
- ½ šalice bijelog vinskog octa
- ¼ šalice zmajevog voća narezanog na kockice
- ¼ šalice meda
- ½ žličice soli

UPUTE:
a) Namočite sjemenke gorušice u vodi najmanje 6 sati ili preko noći.
b) Ocijedite sjemenke gorušice i stavite ih u blender ili procesor hrane.
c) Dodajte bijeli vinski ocat, zmaj narezan na kockice, med i sol.
d) Miješajte dok ne postane glatko.
e) Prebacite smjesu u čistu staklenku i ostavite u hladnjaku najmanje 24 sata prije upotrebe.
f) Koristite kao začin za sendviče, hrenovke ili hamburgere.

72. Zmajevo voće Aioli

SASTOJCI:
- 1 dragon voće, narezano na kockice
- ¼ šalice majoneze
- 1 češanj češnjaka, samljeven
- 1 žlica soka od limuna
- Posolite i popaprite po ukusu

UPUTE:
a) U blenderu pomiješajte dragon fruit narezan na kockice, majonezu, češnjak, limunov sok, sol i papar.
b) Miješajte dok ne postane glatko.
c) Prebacite smjesu u zdjelu i ohladite najmanje 30 minuta prije posluživanja.
d) Koristite ga kao začin za sendviče i hamburgere ili kao umak za pomfrit.

73. BBQ umak od zmajevog voća

SASTOJCI:
- 1 zmajevo voće (pitaya), oguljeno i nasjeckano
- 1 šalica kečapa
- 1/4 šalice smeđeg šećera
- 2 žlice soja umaka
- 2 žlice jabučnog octa
- 1 žlica Worcestershire umaka
- 1 žlica Dijon senfa
- 1 žličica češnjaka u prahu
- 1 žličica luka u prahu
- 1/2 žličice dimljene paprike
- Posolite i popaprite po ukusu

UPUTE:

a) U blenderu ili procesoru hrane pasirajte nasjeckano zmajevo voće dok ne postane glatko.
b) U srednje velikoj tavi pomiješajte pire od zmajevog voća, kečap, smeđi šećer, sojin umak, jabučni ocat, Worcestershire umak, Dijon senf, češnjak u prahu, luk u prahu i dimljenu papriku.
c) Stavite lonac na srednju vatru i pustite da smjesa zakuha.
d) Smanjite vatru i pustite da se umak kuha oko 15-20 minuta, povremeno miješajući da ne zagori.
e) Kušajte umak i začinite solju i paprom po želji.
f) Maknite lonac s vatre i ostavite da se BBQ umak od zmajevog voća ohladi.
g) Nakon što se ohladi, možete ga odmah koristiti kao glazuru za meso s roštilja ili ga čuvati u hermetički zatvorenoj posudi u hladnjaku za kasniju upotrebu.

74. Sirup od zmajevog voća

SASTOJCI:
- 2 zmajeva voća (pitaya), oguljena i narezana na kockice
- 1 šalica granuliranog šećera
- 1 šalica vode
- 1 žlica limunovog soka (po želji, za dodatnu kiselost)

UPUTE:
a) U blenderu ili procesoru hrane pire zmajevo voće narezano na kockice dok ne postane glatko.
b) U srednje velikoj tavi pomiješajte pire od zmajevog voća, granulirani šećer, vodu i limunov sok (ako ga koristite).
c) Stavite lonac na srednju vatru i pustite da smjesa kuha, povremeno miješajući da se šećer otopi.
d) Smanjite vatru i pustite da se sirup lagano kuha oko 15-20 minuta, dopuštajući da se malo zgusne.
e) Maknite lonac s vatre i pustite da se sirup ohladi.
f) Nakon što se ohladi, procijedite sirup kroz fino sito kako biste uklonili sve sjemenke ili pulpu, pritišćući žlicom prema dolje kako biste izvadili svu tekućinu.
g) Sirup prebacite u steriliziranu staklenu teglu ili bocu i čuvajte u hladnjaku.

SMOTHIJI

75. Dragon Mango Smoothie

SASTOJCI:
- ¾ šalice smrznutog pitaya/zmajevog voća
- 1 šalica smrznutih kriški manga
- ¾ šalice soka od ananasa

UPUTE:

a) U standardnom kuhinjskom blenderu dodajte sve sastojke i miksajte dok ne postane glatko.

76. Smoothie od zmajevog voća na biljnoj bazi

SASTOJCI:
- 1 ½ šalice zmajevog voća narezanog na kockice i smrznutog
- 1 zrela banana
- ½ šalice smrznutih borovnica
- ½–1 šalica biljnog mlijeka, ovisno o željenoj gustoći
- ½ šalice smrznutih borovnica

UPUTE:
a) U velikom blenderu velike brzine stavite zmajevo voće, bananu, borovnice, mlijeko i chia sjemenke na dno.
b) smoothie od zmajevog voća
c) Uključite blender, počevši od niske brzine, postupno povećavajući dok se sve potpuno ne izmiješa i ne izjednači.
d) smoothie od zmajevog voća
e) Poslužite odmah!

77. Lassi s okusom zmajevog voća

SASTOJCI:
- 1 zrela banana
- 1 šalica običnog jogurta
- 1/2 šalice pulpe dragon fruita
- 2 žlice meda ili javorovog sirupa
- Prstohvat kardamoma u prahu
- Kockice leda (po želji)

UPUTE:
U blenderu pomiješajte zrelu bananu, obični jogurt, pulpu dragon voća, med ili javorov sirup i kardamom u prahu.
Miješajte dok ne postane glatko i dobro sjedinjeno.
Po želji dodajte kockice leda i ponovno miksajte dok se lassi ne ohladi.
Ulijte u čaše i odmah poslužite.

78. Smoothie od bobičastog zmajevog voća

SASTOJCI:
SMOOTHIE:
- 1 šalica smrznutih malina
- 1 ¾ šalice smrznutog ružičastog zmajevog voća (200 grama)
- ½ šalice smrznutih kupina
- 5,3 unce grčkog jogurta od jagoda (150 grama)
- 2 žlice chia sjemenki
- 1 žličica soka od limete (½ limete)
- 1 žličica naribanog đumbira
- 1 šalica nezaslađenog bademovog mlijeka ili mlijeka po izboru

UKRASI PO IZBORU:
- Chia sjemenke
- bobice

UPUTE:
a) Dodajte maline, dragon fruit, kupine, jogurt, chia sjemenke, limetu i đumbir u posudu blendera. Dodajte bademovo mlijeko, poklopite i miješajte na visokoj razini dok smjesa ne postane glatka.
b) Zastanite i po potrebi lopaticom ostružite stranice posude. Ako je smoothie pregust, ulijte onoliko bademovog mlijeka koliko je potrebno da postignete željenu gustoću.
c) Ulijte smoothie u čašu i po želji dodajte dodatne chia sjemenke i bobičasto voće.

79. Kokos Chia Dragon Fruit staklenke za smoothie

SASTOJCI:
- 1 šalica kokosovog mlijeka (ili mliječnih proizvoda ili mliječnih proizvoda po vašem izboru)
- 3 žlice chia sjemenki
- 2 žlice naribanog kokosa
- 2 male smrznute banane
- 2 žlice praha zmajevog voća (pitaya).
- Voće i naribani kokos za preljev, po želji

UPUTE:
a) Podijelite kokosovo mlijeko, chia sjemenke i kokos na jednake dijelove u dvije staklenke od 8 unci, poklopite i dobro promiješajte ili protresite. Stavite poklopljene staklenke u hladnjak preko noći da se puding od chia sjemenki stisne.
b) Kad ste spremni za jelo, stavite banane u blender i miksajte dok ne postane glatka.
c) Dodajte prah zmajevog voća i obrađujte dok se ne izmiješa u pire od banane.
d) Na puding od chia sjemenki u staklenkama ulijte pire od banane/zmaj voća.
e) Po želji stavite voće i naribani kokos za ukras.

80. Zdjela za smoothie od zmajevog voća od vanilije

SASTOJCI:

1 smrznuta banana
1 šalica pirea od zmajevog voća
1/2 šalice običnog grčkog jogurta
1/2 šalice bademovog mlijeka (ili bilo kojeg mlijeka po izboru)
1 žličica ekstrakta vanilije
Dodaci po izboru (kao što su narezana banana, bobičasto voće, chia sjemenke)
UPUTE:

U blenderu pomiješajte smrznutu bananu, pire od zmajevog voća, grčki jogurt, bademovo mlijeko i ekstrakt vanilije.
Miješajte dok ne postane glatko i kremasto.
Ulijte smoothie u posudu.
Umiješajte još malo pirea od zmajevog voća kako biste stvorili efekt mramora.
Prelijte željenim dodacima, poput narezanih banana, bobičastog voća i chia sjemenki.
Uživajte odmah.

81. Smoothie od zmajskog voća i ananasa

SASTOJCI:
- 1 šalica zmajevog voća narezanog na kockice
- 1 šalica ananasa narezanog na kockice
- ½ šalice soka od naranče
- ½ šalice kokosovog mlijeka
- ½ šalice kockica leda

UPUTE:
a) Pomiješajte sve sastojke u blenderu.
b) Miješajte dok ne postane glatko i kremasto.
c) Ulijte u čašu i uživajte!

82. Bloody Dragon Fruit Smoothie

SASTOJCI:

1 zmajevo voće
1 šalica kokosove vode
1/2 šalice smrznutih malina
1/2 šalice smrznutih jagoda
1 žlica meda (po želji)
Kockice leda (po želji)

UPUTE:
Dragon fruit prerežite na pola i izdubite meso.
U blenderu pomiješajte meso zmaja, kokosovu vodu, smrznute maline, smrznute jagode i med (po želji).
Miješajte dok ne postane glatko i dobro sjedinjeno.
Po želji dodajte kockice leda i ponovno miksajte dok se smoothie ne ohladi.
Ulijte u čaše i odmah poslužite.

83. Pitaya zdjela (zmajevo voće)

SASTOJCI:

1 zrelo dragon voće
1 banana
1/2 šalice smrznutog bobičastog voća (kao što su jagode ili borovnice)
1/4 šalice bademovog mlijeka (ili bilo kojeg mlijeka po izboru)
Dodaci po izboru (granola, narezano voće, orasi, sjemenke)
UPUTE:
Dragon fruit prerežite na pola i izdubite meso.
U blenderu pomiješajte meso zmajevog voća, bananu, smrznuto bobičasto voće i bademovo mlijeko.
Miješajte dok ne postane glatko i kremasto.
Ulijte smjesu u zdjelu.
Prelijte željenim dodacima, poput granole, narezanog voća, orašastih plodova i sjemenki.
Uživajte odmah.

84. Smoothie od cikle i zmajevog voća

SASTOJCI:
- 1 cikla, kuhana i oguljena
- 1 zmajevo voće
- 1 šalica bademovog mlijeka (ili bilo kojeg mlijeka po izboru)
- 1 žlica chia sjemenki
- 1 žlica meda ili javorovog sirupa
- Kockice leda (po želji)

UPUTE:

Narežite ciklu i dragon fruit na kockice.
U blenderu pomiješajte komadiće cikle, komadiće zmajevog voća, bademovo mlijeko, chia sjemenke i med ili javorov sirup.
Miješajte dok ne postane glatko i dobro sjedinjeno.
Po želji dodajte kockice leda i ponovno miksajte dok se smoothie ne ohladi.
Ulijte u čaše i odmah poslužite.

85. Zdjela za smoothie od zmajevog voća i đumbira

SASTOJCI:

1 smrznuta banana
1 šalica pirea od zmajevog voća
1/2 šalice običnog grčkog jogurta
1/2 šalice bademovog mlijeka (ili bilo kojeg mlijeka po izboru)
1 žlica svježeg đumbira, naribanog
Dodaci po izboru (kao što su granola, narezano voće, kokosove ljuskice)
UPUTE:
U blenderu pomiješajte smrznutu bananu, pire od zmajevog voća, grčki jogurt, bademovo mlijeko i svježi đumbir.
Miješajte dok ne postane glatko i kremasto.
Ulijte smoothie u posudu.
Prelijte željenim dodacima, poput granole, narezanog voća i ljuskica kokosa.
Uživajte odmah.

86. Milkshake od zmajevog voća

SASTOJCI:
- 1 zrelo dragon voće
- 1 šalica mlijeka (mliječnog ili biljnog)
- 1/2 šalice sladoleda od vanilije
- 1 žlica meda (po želji)
- Kockice leda (po želji)

UPUTE:
Dragon fruit prerežite na pola i izdubite meso.
U blenderu pomiješajte meso zmaja, mlijeko, sladoled od vanilije i med (po želji).
Miješajte dok ne postane glatko i kremasto.
Po želji dodajte kockice leda i ponovno miksajte dok se milkshake ne ohladi.
Ulijte u čaše i odmah poslužite.

87. Smoothie od zmajevog voća i badema

SASTOJCI:
- 1 zrelo dragon voće
- 1 šalica bademovog mlijeka (ili bilo kojeg mlijeka po izboru)
- 1 žlica maslaca od badema
- 1 žlica meda ili javorovog sirupa
- Kockice leda (po želji)

UPUTE:
Dragon fruit prerežite na pola i izdubite meso.
U blenderu pomiješajte meso zmaja, bademovo mlijeko, bademov maslac i med ili javorov sirup.
Miješajte dok ne postane glatko i kremasto.
Po želji dodajte kockice leda i ponovno miksajte dok se smoothie ne ohladi.
Ulijte u čaše i odmah poslužite.

88. Smoothie od zobi Dragon Fruit

SASTOJCI:
- 1 zrela banana
- 1/2 šalice pirea od zmajevog voća
- 1/2 šalice valjane zobi
- 1 šalica bademovog mlijeka (ili bilo kojeg mlijeka po izboru)
- 1 žlica meda ili javorovog sirupa
- Kockice leda (po želji)

UPUTE:

U blenderu pomiješajte zrelu bananu, pire od zmajevog voća, zobene zobi, bademovo mlijeko i med ili javorov sirup.

Miješajte dok ne postane glatko i kremasto.

Po želji dodajte kockice leda i ponovno miksajte dok se smoothie ne ohladi.

Ulijte u čaše i odmah poslužite.

89. Dragon Fruit Mango Jogurt i Yakult Smoothie

SASTOJCI:
- 1 zreli mango, narezan na kockice
- 1/2 šalice pirea od zmajevog voća
- 1/2 šalice običnog jogurta
- 1 boca Yakulta ili bilo kojeg probiotičkog napitka
- 1 žlica meda ili javorovog sirupa
- Kockice leda (po želji)

UPUTE:

U blenderu pomiješajte mango narezan na kockice, pire od zmajevog voća, obični jogurt, Yakult i med ili javorov sirup.

Miješajte dok ne postane glatko i dobro sjedinjeno.

Po želji dodajte kockice leda i ponovno miksajte dok se smoothie ne ohladi.

Ulijte u čaše i odmah poslužite.

90. Smoothie od zmajevog voća i jagoda

SASTOJCI:
- 1 šalica zmajevog voća narezanog na kockice
- 1 šalica svježih jagoda
- 1 banana
- ½ šalice običnog jogurta
- ½ šalice kockica leda

UPUTE:
a) Pomiješajte sve sastojke u blenderu.
b) Miješajte dok ne postane glatko i kremasto.
c) Ulijte u čašu i uživajte!

KOKTELI I MOKTELI

91. Dragon Fruit Mojito

SASTOJCI:
- 2 unce svijetlog ruma
- ½ unce soka od limete
- 2-3 žlice zmajevog voća narezanog na kockice
- ½ unce jednostavnog sirupa
- 5-7 grančica metvice natrgati
- prskanje soda vode

UPUTE:
a) Započnite s shakerom za koktele i dodajte voće, mentu, limetu i jednostavan sirup. Zbrkajte sve ovo!
b) Dodajte led i rum. Onda ga tresti kao lud
c) Skinite cijeli poklopac sa shakera i ulijte smjesu u čašu.
d) Prelijte dodatnim ledom ako vam je potreban
e) Prelijte malo soda vode
f) Ukrasite kriškom zmajevog voća

92. Dragon Fruit Cucumber Limeade

SASTOJCI:
ZA SIRUP ZMAJSKOG VOĆA:
- 1 šalica šećera
- 1 šalica vruće vode (ne mora biti kipuća)
- 100 g smrznutog ružičastog zmajevog voća (oko ½ šalice)

ZA LIMEADU OD KRASTAVACA ZMAJEVOG VOĆA:
- Sirup od zmajevog voća od 1 unce
- 1 unca svježeg soka od limete
- ½ mladog krastavca (ili 3 kriške većeg krastavca)
- 1 kriška jalapena (po želji)
- 4-6 unci negazirane ili gazirane vode (po ukusu)
- 1 ½ unce votke ili tekile (po izboru)

KAKO BISTE NAPRAVILI VELIKU SERIJU:
- 1 šalica sirupa od dragon fruita
- 1 šalica svježeg soka od limete (oko 8-9 limeta)
- 4-6 šalica hladne negazirane ili gazirane vode (po ukusu)
- 1 krastavac, nasjeckan
- ½ jalapena, nasjeckanog (po želji. Uklonite sjemenke za manje topline)
- 1 ½ šalice votke ili tekile (po želji)

UPUTE:
ZA SIRUP ZMAJSKOG VOĆA:
a) Pomiješajte šećer, vruću vodu i smrznuto zmajevo voće u staklenku otpornu na toplinu ili drugu posudu. Miješajte kako biste lakše otopili voće i otopili šećer.

b) Ostavite smjesu nekoliko minuta dok se svo voće ne otopi i dok se šećer ne otopi. Koristite fino mrežasto cjedilo da ocijedite sjemenke i sav višak pulpe.

c) Ostatke sirupa čuvajte u zatvorenoj posudi u hladnjaku do 2 tjedna.

ZA LIMEADU OD KRASTAVACA ZMAJEVOG VOĆA:
d) U shakeru za koktele pomiješajte krastavce i jalapeno po želji.

e) Ako koristite negaziranu vodu: dodajte sirup, sok od limete, izborni alkohol i 4-6 unci vode u shaker i napunite ¾ ledom. (Ako koristite votku, počnite s 4 unce vode, možete dodati još, po ukusu, kasnije).

f) Mućkajte dok se ne ohladi, a zatim fino procijedite tekućinu u čašu napunjenu ledom i ukrasite krastavcem.

g) Ako koristite gaziranu vodu: dodajte sirup, sok od limete, izborni alkohol i 1 uncu negazirane vode u shaker i napunite ¾ ledom.

h) Mućkajte dok se ne ohladi, zatim fino procijedite tekućinu u čašu s ledom i prelijte 4-5 unci gazirane vode po ukusu. Ukrasite krastavcem.

KAKO BISTE NAPRAVILI VELIKU SERIJU:

i) Dodajte krastavac i po želji jalapeno u blender s dovoljno vode da blender radi (probajte ¼ šalice). Miješajte dok se uglavnom ne ukapi, a zatim pomoću finog cjedila uklonite pulpu, zadržavajući tekućinu.

j) U veliki vrč dodajte sirup od zmajevog voća, svježi sok od limete i tekućinu od krastavca/jalapena. Promiješajte da se sjedini.

k) Ako dodajete votku ili tekilu, dodajte 12 unci (1 ½ šalice) alkohola u vrč i prelijte 4-5 šalica hladne negazirane ili gazirane vode, po ukusu. Ako preskačete alkohol, dodajte 5-6 šalica negazirane ili gazirane vode, po ukusu. Lagano promiješajte i poslužite u highball čašama s ledom.

l) Svaki napitak ukrasite krastavcem.

93. Litchi Dragon Mocktail

SASTOJCI:
- 1 šalica soka od ličija
- 1/2 šalice pirea od zmajevog voća
- 1/4 šalice soka od limete
- 1 žlica meda ili javorovog sirupa
- Soda voda
- Kocke leda
- Kriške ličija ili zmajevog voća za ukras

UPUTE:
U vrču pomiješajte sok od ličija, pire od zmajevog voća, sok od limete i med ili javorov sirup. Dobro promiješati.
Napunite čaše kockicama leda.
Ulijte smjesu mocktaila u čaše, puneći ih otprilike do 3/4.
Prelijte soda vodom.
Ukrasite kriškama ličija ili zmajevog voća.
Poslužite ohlađeno.

94. Sok od kivija Red Dragon

SASTOJCI:
- 1 crveno zmajevo voće
- 2 kivija
- 1 šalica vode
- 1 žlica meda ili javorovog sirupa (po želji)
- Kockice leda (po želji)

UPUTE:
Prerežite crveno zmajevo voće na pola i izdubite meso.
Kivi ogulite i narežite na kockice.
U blenderu pomiješajte meso zmaja, kivi narezan na kockice, vodu i med ili javorov sirup (po želji).
Miješajte dok ne postane glatko i dobro sjedinjeno.
Ako želite, procijedite sok kako biste uklonili svu pulpu.
Ohladite sok u hladnjaku najmanje 1 sat.
Ulijte u čaše i po želji dodajte kockice leda.
Poslužite hladno.

95. Limunada od zmajevog voća

SASTOJCI:
- 1 veliki dragon fruit - ružičasto ili bijelo meso, skinuta kora
- 5 šalica vode
- ½ šalice nektara agave ili javorovog sirupa
- 1 šalica svježe iscijeđenog soka od limuna

UPUTE:
a) Pomiješajte zmajevo voće s 1 šalicom vode do željene teksture.
b) Prebacite smjesu zmajevog voća u vrč za limunadu i dodajte preostale 4 šalice vode, limunov sok i zaslađivač. Promiješajte, kušajte i po potrebi prilagodite zaslađivač i/ili vodu.
c) Može se odmah poslužiti preko čaše napunjene kockicama leda.
d) Ostavite u hladnjaku da se ohladi i dobro promiješajte prije posluživanja. Uživati!

96. Dragon Fruit-Plum Juice

SASTOJCI:
- 1 zmajevo voće
- 2 zrele šljive
- 1 šalica vode
- 1 žlica meda (po želji)
- Kockice leda (po želji)

UPUTE:
Dragon fruit prerežite na pola i izdubite meso.

Šljivama izvadite koštice i narežite ih na komade.

U blenderu pomiješajte meso zmaja, komadiće šljive, vodu i med (po želji).

Miješajte dok ne postane glatko i dobro sjedinjeno.

Ako želite, procijedite sok kako biste uklonili svu pulpu.

Ohladite sok u hladnjaku najmanje 1 sat.

Ulijte u čaše i po želji dodajte kockice leda.

Poslužite hladno.

97. Dragon Fruit Margarita

SASTOJCI:
- 1 šalica zmajevog voća narezanog na kockice
- ¼ šalice soka od limete
- ¼ šalice soka od naranče
- ¼ šalice triple sek
- Sol za ivičenje stakla
- Kocke leda

UPUTE:
a) Čašu zarubite solju.
b) Pomiješajte zmajevo voće, sok od limete, sok od naranče i triple sec u blenderu dok ne postane glatko.
c) Napunite čašu kockicama leda i prelijte smjesu preko leda.
d) Ukrasite kriškom limete ili dodatnim kockicama zmajevog voća.

98. Spritzer od zmajevog voća

SASTOJCI:
- 1 šalica zmajevog voća narezanog na kockice
- ¼ šalice soka od limete
- ¼ šalice jednostavnog sirupa
- 1 šalica gazirane vode
- Kocke leda

UPUTE:
a) Izmutite zmajevo voće u shakeru.
b) Dodajte sok limete i jednostavan sirup u shaker i dobro protresite.
c) Procijedite smjesu u čašu napunjenu kockicama leda.
d) Prelijte gaziranom vodom i ukrasite dodatnim kockicama zmajevog voća.

99. Koktel zmajevo voće i bazga

SASTOJCI:

2 unce pirea od zmajevog voća
1 unca likera od bazge
1 unca votke
1 unca soka od limete
½ unce jednostavnog sirupa
Kocke leda
Ploške zmajevog voća za ukras

UPUTE:

U shakeru za koktele pomiješajte pire od zmajevog voća, liker od bazge, votku, sok od limete i jednostavan sirup.

Napunite shaker kockicama leda i dobro protresite.

Procijedite smjesu u čašu napunjenu ledom.

Ukrasite kriškama zmajevog voća.

Poslužite ohlađeno.

100. Koktel Pitaya Picante

SASTOJCI:
1 ½ unce tekile
1 unca soka od limete
1 unca jednostavnog sirupa
½ unce triple sek
½ šalice pirea od dragon fruita
2-3 kriške jalapeña
Kocke leda
Kriške limete i kriške zmajevog voća za ukras
UPUTE:

U shakeru za koktele izmiksajte kriške jalapeña.

Dodajte tekilu, sok limete, jednostavni sirup, triple sec i pire od zmajevog voća u shaker.

Napunite shaker kockicama leda i dobro protresite.

Procijedite smjesu u čašu napunjenu ledom.

Ukrasite kriškama limete i kriškama zmajevog voća.

Poslužite ohlađeno.

ZAKLJUČAK

Nadamo se da vas je ova kuharica nadahnula da uključite zmajevo voće u svoja jela i isprobate nove recepte koji pokazuju njegov jedinstveni okus i zadivljujući izgled. Bilo da ste iskusni kuhar ili početnik, zmajevo voće je svestran sastojak koji se lako koristi i može unaprijediti svako jelo.

Dakle, sljedeći put kad budete u trgovini ili na tržnici, svakako uzmite nekoliko zmajevih plodova i pustite svoju kreativnost u kuhinji. Uz POSLASTICE OD ZMAJEVOG VOĆA uz sebe, sigurno ćete impresionirati svoje prijatelje i obitelj svojim ukusnim i zdravim kreacijama od zmajevog voća. Uživati!